最貼近人性心靈的作家
何權峰◎著

幸福，早知道就好

爲什麼不現在就知道呢？

你知道人最大的不幸是什麼嗎？
就是不知道自己是多麼幸福。
你知道人最大的不滿是什麼嗎？
就是不知道自己該滿足了。

英屬維京群島商高寶國際有限公司台灣分公司
高寶國際集團

幸福，早知道就好

作　　者　何權峰
書系主編　丘　光
編　　輯　李欣蓉
校　　對　蘇芳毓
出 版 者　英屬維京群島商高寶國際有限公司台灣分公司
Global Group Holdings, Ltd.
地　　址　台北市內湖區新明路174巷15號10樓
網　　址　www.sitak.com.tw
電　　話　(02) 27911197 27918621
電　　傳　出版部 (02) 27955824
行 銷 部　(02) 27955825
E-mail　readers@sitak.com.tw<讀者服務部>
pr@sitak.com.tw<公關諮詢部>
郵政劃撥　19394552
戶　　名　英屬維京群島商高寶國際有限公司台灣分公司
出版日期　2005年4月
發　　行　希代書版集團發行
香港總經銷　全力圖書有限公司
地　　址　香港新界葵涌打磚坪街58-76號和豐工業中心1樓8室
電　　話　(852)2494-7282
傳　　真　(852)2494-7609

國家圖書館出版品預行編目資料

幸福，早知道就好／何權峰著．——臺北市
；高寶國際出版：希代發行，2005〔民94〕
面；　　公分．——（生活勵志）

ISBN 986-7323-27-0（平裝）
1. 人生哲學 2. 幸福
191　　94003975

你唯一必須記得的是，你是多麼幸運，
當你忘記此點時，你就變得不幸。

——古儒吉大師

自序

爲什麼不現在就知道呢？

何權峰

你知道人最大的不幸是什麼嗎？就是不知道自己是多麼幸福。

你知道人最大的不滿是什麼嗎？就是不知道自己早該滿足了。

不幸的由來，乃在看不見自己是幸福的；不滿的由來，則是不知道自己早該滿足了。如果你不覺得自己是幸運的，你又如何感受到幸福呢？很難，對嗎？如果你不知道滿足，那麼你又怎麼可能對目前的生活滿意？

最近在網路上讀到一則很有意思的故事：

有一個人，他在生前善良且熱心助人，所以死後昇上天堂，做了天使。他當了天使後，仍時常到凡間幫助人，希望讓人感受到幸福的味道。

一天，他遇見一位農夫，他看起來非常苦惱，他向天使訴說：「我家水牛剛死了，沒了牠，我要怎麼犁田？」於是天使賜他一隻健壯的牛，農夫很高興，天使在他身上感受到幸福的味道。

又一天，他遇見一個男人，男人非常沮喪，他向天使訴說：「我的錢被騙光了，沒有盤纏回鄉。」於是天使給他銀兩做路費，男人很高興，天使在他身上感受到幸福的味道。

又一天，他遇到一個詩人，詩人年輕、英俊、有才華又富有，妻子貌美而溫柔，但他卻過得不快活。

天使問他：「你不快樂嗎？我能幫你嗎？」詩人對天使說：「我什麼都有，只欠一樣東西，你能夠給嗎？」

天使回答說：「可以，你要什麼我都可以給你。」

詩人望著天使：「我要的是幸福。」

這下可把天使難倒了，天使想了想，說：「我明白了。」

然後他把詩人所擁有的東西都拿走。天使拿走詩人的才華，毀了他的容貌，奪去他的財產和他妻子的生命。天使做完這些事後，便離去了。

一個月後，天使再回到詩人身邊，他那時餓得半死，衣衫襤褸地躺在地上掙扎。於是，天使把他的一切都還給他。然後，又離去了。

半個月後，天使再去看詩人。這次，詩人摟著妻子，不住向天使道謝。因為他找到幸福了。

這詩人找到了幸福，是因為他得到什麼嗎？不，他並沒有得到任何東西，他的幸福是他早就擁有的，只是他視而不見，對嗎？

俄國文豪杜斯妥也夫斯基說得對：「人類的不幸就在於，不知道自己是何等的幸福。」其實，你已經擁有那麼多了，而你的心卻不在已經擁有的東西上，你一直在找尋那些沒有的。結果，你越去想自己欠缺的，就越發沮喪，而越沮喪就越會去想欠缺的。於是，你變得不滿，總是抱怨，這就是不幸的由來。

表面上，你在追求幸福，但其實是在找不幸。追求幸福最大的障礙，即是期望過大的幸福。

遺憾的是，這道理人們往往要到失去或太遲了，才懂！為什麼不現在就知道呢？

Contents

滿足與不滿

滿足就是擁有的比想要的多，不滿足就是想要的比擁有的多。更明白的說，不滿足就是想要求取更多的心態，滿足就是放下這種欲求。

什麼是滿足，什麼是不滿足？滿足就是擁有的比想要的多，不滿足就是想要的比擁有的多。更明白的說，不滿足就是想要求取更多的心態，滿足就是放下這種欲求。

我們常以為，若能得到更多的財物、更高的名位……就會滿足。其實，不滿總是存在心裡的，只是被我們用權力、用金錢、用衣服、用房子、車子……掩藏蓋住而已。因此，當我們擁有了這些，我們還是不會滿足的。

那你還要這塊土地做什麼？

不論老少，大部分人的不滿都因為我們想得到「更多」的欲望。年輕人渴望更多的錢、更好的工作、更漂亮的妻子、房子、車子；老年人更貪，他們要事業、要地位、要名譽，還想要變年輕。每個人想要的那麼多，又怎麼可能滿足呢？

我聽說，有一個老人在住家邊上的一塊空地，豎起一塊牌子，上面寫著：「此地將送給一無所缺，全然滿足的人。」

一名富商騎馬經過，看到這個告示牌，心想：「此人既然要免費奉送這塊土地，我最好捷足先登把它要下來。我那麼有錢，擁有一切，完全符合他的條件。」於是，叩門說明來意。

「你真的全然滿足了嗎？」老人問他。

「那當然，我一無所缺。」他得意的回道。

「果真如此，那你還要這塊土地做什麼？」

人們一直活在不滿足，那是人性的本質，並不是當他們有了更多的錢、更大的房子、更美的妻子、更好的工作或是更棒的孩子，他們就會滿足，事實並不是這樣。不論他們擁有什麼，他們都一樣會不滿足。欲望是永遠都不可能被滿足的，因為它的本質就是不滿足。

你的不滿並不是你無法達到那些目標，而是一旦你達成，它的光輝就消失不見，滿足只存在於達成時的那一刻，在達到的那一刻之後，你就對它愈來愈沒興趣，然後你的不滿就會開始。

只要有欲望就不可能滿足

你曾注意觀看你的欲望嗎？你一直想通過那個考試，你說：「只要讓我考過了，我就會快樂。」現在你已經考過了，然而才沒多久，你怎麼又不快樂了呢？因為現在你又創造出新的欲望，你開始期待新的目標，你又想要不同的東西了，對嗎？

你說：「要等我賺到一百萬，我才會滿意。」然後你也得到了，但是你為什麼還不滿意呢？因為現在你又再想——想一千萬，對嗎？沒錯，得到一百萬之後，下個目標就是一千萬，這就是為什麼你一直不滿的原因。

你也許想買一棟房子，那棟漂亮房子你想了好幾年，你很努力工作好多年……現在房子是你的，但你依舊不滿足，因為在幾天或頂多幾年後，你又有了新的欲求……

你始終在欲求更多更新的事物，你渴望未來更大的滿足，那就是每天都發生在你生活當中的情況，你一直在追趕這個，追趕那個，然而當你抓住它，一切的美好就消失了，那個美只是你的想像，那個快樂只在你的希望之中，那個幸福只在你的等待之中，它們從未到來，即使到來也稍縱即逝。

去看看你的愛人，你想擁有這個女人，現在你得到她了；你想得到這個男人，現在他是你的，而你們現在對彼此卻如此不滿，你們的美夢竟成了惡夢，為什麼？因為你的欲望，你希望他這樣、希望她那樣，希望他能滿足你的欲求，希望他變成你希望的樣子，你就是這樣，要求東要求西，不斷的要求……所以你們對彼此會有這麼多的不滿。

欲望意味著不滿，欲望意味著抱怨，欲望意味著事情不應該是這個樣子，欲望意味著你現在過得不好。總之，只要有欲望你就不可能滿足。

滿足就好像地平線一樣，它看起來如此的接近，如此的真實。但是，當你往前，它也跟著你向前走。你永遠無法到達滿足的地平線……不管你今天有沒有通過那個考試，不管你有沒有買到那棟房子，或不管你今天有沒有得到那個女人跟那個男人結婚，你都會不滿，因為你總是想得到更多。

為什麼你會有那麼多不滿？

一個沒有內在了解的人不可能享受任何事，他就只能受苦，即使他在愛，也會因愛而受苦；他很有錢，也會因錢財而受苦。是欲望創造出痛苦，痛苦其實並不存在，它只是欲望的衍生物。

佛陀曾說：「沒有人能給我們痛苦，只有自己給自己痛苦。」人之所以痛苦，在於追求錯誤的東西。只要你還繼續欲求，就繼續在製造更多、更多的痛苦。你無法直接摧毀痛苦，你必須先找到它的根，你必須去看痛苦從何而來，不滿從何而來，這個水從哪裡冒出來，你必須深入土壤裡面，才能找到整個問題的源頭。

試著了解欲望是什麼，你的不滿又是什麼？也許你會發現答案。不要老是用「要怎麼滿足」的方式來思考，而是想為什麼你會有那麼多不滿？因為問題不在如何脫離痛苦，而是在如何放下欲望。

為什麼你會認為自己應該要滿足於自己的欲求呢？是誰規定的？如果你的欲望讓你受苦，你要做的，應該是限制欲望而不是設法滿足它們，不是嗎？

希臘大哲伊比鳩魯說過：「如果你要使一個人快樂，別增添他的財富，而要減少他的欲望。」一點都沒錯，要得到快樂和滿足，並不需要追求什麼，而是要放棄那個追求。

放棄越多，欲望就越少；欲望越少，滿足就越多。

欲望是燈油，唯有當有燈油的時候，那燈才會繼續燃燒，一旦燈油沒有了，那個火也跟著熄滅，你的痛苦也才會跟著消失。

何權峰的幸福語錄

- 欲望是永遠都不可能被滿足的，因為它的本質就是不滿足。
- 人之所以痛苦，在於追求錯誤的東西。只要你還繼續欲求，就繼續在製造更多、更多的痛苦。
- 不要老是用「要怎麼滿足」的方式來思考，而是想為什麼你會有那麼多不滿？因為問題不在如何脫離痛苦，而是在如何放下欲望。
- 欲望是燈油，唯有當有燈油的時候，那燈才會繼續燃燒，一旦燈油沒有了，那個火也跟著熄滅，你的痛苦也才會跟著消失。

需要與想要

需要是來自身體，想要是來自欲望。當你口渴的時候，你需要喝水；當你肚子餓時，你需要食物，這是需要。但如果你已經吃飽了，你還想要，這「想要的」就是欲望。

什麼是需要，什麼是想要？

需要是來自身體，想要是來自欲望。當你口渴的時候，你需要喝水；當你肚子餓時，你需要食物，這是需要。但如果你已經吃飽了，你還想要，你說：「這甜點很好吃，我想再吃一點。」「這飲料很好喝，我想再喝一杯。」這「想要的」就是欲望。

欲望總是想要更多，身體已經足夠了，但嘴巴還覺得不夠，然後你就會吃下許多「不需要」的東西。

想要總是超過需要

需要非常簡單，而且很少，你需要什麼呢？食物、陽光、空氣、水、需要有房子住，需要休息睡覺，這些都是自然的基本需求，都是一些簡單的東西，需要是有限的，需要很容易就被滿足。

但想要呢？想要是無窮的。我常看到一些孩子，兩手已經抓滿了糖果，還想要搶別人手中的餅乾；家中堆滿了各式的玩具，還想要同學新買的玩具；餐盤內放著一大塊吃不完的牛排，卻還吵著媽媽要吃冰淇淋。

而當人年紀愈大，「胃口」也跟著變大，想要的東西也愈多。當你沒有錢，就想要有錢，有了錢就想得到更多的錢；如果你住公寓，你就想買別墅；如果你是員工，你就想當老闆；如果你是職員，你就想當經理；如果你是經理，你就想當總經理……想東想西，想升官、想發財、想得到地位、想擁有名氣，這是沒完沒了的。就像吸毒一樣，總是需要愈來愈重的劑量，才能達到興奮的效果。我們得到愈多，需要的也就愈多。

你注意到沒？許多人錢賺得愈多，負擔反而愈重。原因很簡單，當錢賺得愈多，想要的東西就愈多，想要愈多，就必須去賺更多的錢來支付更多的開銷，而如果你對想要的東西付出太多的能量，你將無法滿足你的需要，因為要由誰來滿足那些需要呢？當你把時間和精力都投資在想要的事物，又哪來多餘的能量來滿足真正的需要？這就是為什麼許多人有了錢反而變得不快樂的原因。

有九十九個是不必要的

所以，你必須弄清楚什麼是需要，什麼是想要。

「需要」是生理層面的，來自身體；「想要」是心理層面的，來自欲望。需要是來自自己，想要是來自別人。比方，你的同事換一部新車，一部比你更貴更拉風的車，你心裡的欲求就產生了，你也想要換車，即使你並不需要，但你會不斷的去想。當你的朋友換了房子，你也想換，或許你並不需要那麼大的坪數，或許你並沒有足夠的錢，但你會一想再想，想要那些不需要的。

試著去區別什麼是想要，什麼是需要。需要有一個房子，有一張床，可以睡一個好覺並不是一個欲望。欲望是什麼呢？欲望是想要一棟更好的房子，更美的裝潢，更豪華的床，更多人的羨慕，欲望非常複雜，欲望總是想要更多不需要的東西。

所有的瘋狂都是因為欲望，而不是因為需要。人們真的瘋了，他們不斷地滋長他們的欲望，這欲望可以是時尚的流行服飾、進口汽車、LV的皮包，也可以是地位、是名聲……。事實上，你有九成以上的能量都浪費在那些東西上面，大家一直在渴望那些不必要的，因為那些需要的東西很少，很容易就被滿足，然後你要做什麼？你會不斷的去欲求，欲求那些奢侈卻不需要的東西。

只要留意看你自己，你的欲望一直在駕馭你。你買了一支手機，你覺得物廉價美，你非常滿意，但就在不久之前，你朋友拿出他新買的手機，於是你開始比較，從外觀、功能、價錢，他買到的無疑比你更好更有價值，因而你覺得非常失落。

你的手機還是同一支手機啊，你的失落又從何而來？對，是欲望，你會覺得吃味，你也想要同樣的手機，你甚至想馬上就得到它，你的欲望就是這樣在運作，欲望是投射，它們並非真正的需要。在一百個欲望當中，有九十九個是不必要的。

了解「需要」與「想要」的差別

你曾否察覺到，有些東西是你真正需要的，可是，有些東西看起來好像需要，但如果你仔細想過，卻不是絕對必要的？

那些不必要的，就是你痛苦的原由。所以，在你想要一樣東西之前，先想三次……你是真的需要嗎？它們真的需要嗎？你真的需要它們嗎？

我們必須了解「需要」與「想要」的差別。你可以以「我需要（**I need**）……」和「我想要（**I want**）……」為題，接著，在「我需要」和「我想要」之下列舉各種事物。然後再用這些事物檢視一下自己的感覺。

如果你只是想要而不是需要，那就把它忘掉。反之，如果你真的需要，就去滿足它。這就是獲得幸福最好的方式。對，要去滿足你的需要，而不要理會你想要的。

閉上你的眼睛來看，在你身體的哪一個地方有這個需要？你的身體真的需要嗎？

永遠都以身體為準則。每當你有什麼想法，你就問身體：「你認為怎麼樣？」如果身體並不需要，那就是不需要去做。你必須聽從身體的需求，就像對飯後的甜點，並不是甜點不好，而是儘管它是美味的，但你已經夠了。

是的，夠了就好，再多來的都是多餘的負擔，不是嗎？

何權峰的幸福語錄

- 需要是必需品，想要是奢侈品。滿足需求，並不是滿足欲求，不要將這兩者搞混。人們常把奢侈品當成必需品，又把想要看成是需要，問題就在這裡。
- 需要能被滿足，但是想要的是無止境的，這就是那些汲汲營營的人們終究會失望的原因，因為他們想要的永遠超出他們的需要。
- 那些不必要的，就是你痛苦的原由。所以，在你開始想要一樣東西之前，先想三次……你是真的需要嗎？它們真的需要嗎？你真的需要它們嗎？
- 如果你只是想要而不是需要，那就把它忘掉。反之，如果你真的需要，就去滿足它。這就是獲得幸福最好的方式。對，要去滿足你的需要，而不要理會你想要的。

價錢與價值

鑽石為什麼珍貴？因為它很有價值。為什麼它很有價值？因為它價錢很高。所以，價錢就等於價值，對嗎？如果你的回答是對的話，那你就錯了，那就表示你是價值混亂。

鑽石為什麼很珍貴？因為它很有價值。為什麼它很有價值？因為它價錢很高。所以，價錢就等於價值，對嗎？

如果你的回答是對的話，那你就錯了，那就表示你是價值混亂。

怎麼說呢？讓我說一個故事給你聽：

有個人決定把一台不用的冰箱送人，就把冰箱擺在他家前院，並豎了塊「免費冰箱」的牌子。兩個星期過去了，一點反應都沒有。

之後，他索性把牌子上的字改成「冰箱一百美元」，結果隔天冰箱就被扛走了。

這就是以價錢來決定東西價值的邏輯。按這個邏輯繼續推演，你就會明白許多商品為什麼價錢愈高，反而銷路愈好；賣得愈貴，大家愈要。尤其是那些愈買不起的人就愈想得到，即使是預算透支，刷爆信用卡都在所不惜。你說，這是不是價值混亂？

怎麼又是一袋珍珠

情人節的玫瑰「最有價值」，為什麼？因為那時的價錢最高；身價百萬的「達摩」金線蘭人們視如珍寶，但路邊的野花大家卻視若無睹，為什麼？因為不要錢的東西，怎麼可能會有什麼價值？

然而，「達摩」金線蘭，真的比路邊的野花美嗎？不，它只是比較貴而已，就這樣，鑽石也未必比石頭有價值，人們真正喜歡的，並不是鑽石本身的價值，而是它的價錢。

鑽石有什麼價值？人們之所以認為它有價值，只是長久以來的因襲，是我們給予鑽石價值的，並非鑽石本身擁有什麼價值。如果不是因為人們想得到它，那鑽石會有什麼價值嗎？如果地球上都沒有人，那隨便一顆石頭、一根骨頭或許還比鑽石更有價值。

你可試試看，把一顆鑽石跟一顆石頭擺在雞的面前，如果牠不笨的話，牠一定會選石頭，因為石頭可以幫牠整腸健胃，而鑽石可能還會刮傷牠的胃；如果你把一顆鑽石跟一根骨頭擺在狗的面前，牠一定會選骨頭，牠才不會在乎那是什麼鑽，什麼幾克拉，又不能吃，要它做什麼？

我聽說，有兩個來自不同方向的珠寶商，同時到達沙漠中的旅舍。同行相嫉，兩人互相比起誰的珠寶較大、較昂貴。

一直在旁邊靜觀的另一位珠寶商，說了一個自己的故事：「有一次，我們的商隊遇到了大風暴，在不見天日中，我一個人走失了。幾天過去，我發現自己只是在繞圈子，一點方向感都沒有，整個人又餓又渴，解開駱駝背上的每一個包包，一次又一次地搜索，希望能找到一點可吃或可喝的東西。突然，碰到一個小小的袋子，是一直都沒被發現的，當時是何等的興奮！雙手顫抖著扯開袋子，心想終於有食物了！但當我發現怎麼又是一袋珍珠後，你們可知道我有多麼沮喪啊！」

對一個在沙漠中快要渴死的人，一杯水絕對要比一袋鑽石更有價值。沒錯，價值並非絕對的，它來自你的欲望，如果你欲求它，它就有價值，如果你不欲求它，那個價值也就不存在了。

價值，就看你怎麼看了

我想起另一則發生在印度的故事。情節大概是這樣：

有一個徒弟很喜歡發問，有天他問到關於價值的問題，師父並沒有直接回答，他從房裡拿出一顆石頭——那是一顆很大很美的石頭，他要徒弟拿到市場去賣，但是師父特別交代說：不要真的把它賣出去，只要試著去賣它，試著去賣給很多人，觀察他們反應，然後再回來告訴我，看看這石頭能賣到什麼價錢。

隨後徒弟就遵照指示，把石頭拿到市集，結果吸引很多的人，他們有的認為它可以拿來擺設或裝飾，有的認為可以給小孩子玩，有的想用它來當秤錘，因此他們就出價了。從兩分錢到十分錢，他們的反應不一，他告訴師父說，我們最多可以賣到十分錢。

師父說：好，現在把它拿到黃金市場，你去問問那裡的人，但是不要賣出去，只要問他們願意出多少價錢。之後，徒弟從黃金市場很高興地回來報告說：這些人很慷慨，他們從五百盧比一直出到一千盧比。

師父說：好，現在把它拿到珠寶店去，但是不要將它賣掉。於是他把那石頭拿到珠寶店去，他無法相信，他們竟然出到五千盧比的價錢，當他不賣時，他們還在繼續加價，加到十萬盧比，二十萬盧比……他覺得這些人一定是瘋了，因為他認為在市場出的那個價就已經不錯了。

他回來，師父拿著那顆石頭告訴他說，現在你知道什麼叫做價值了吧，那完全視個人而定，任何東西，不管是什麼，只要你認為它有價，它就會變得很有價值，就看你怎麼看了。

價值觀不同，對價錢的認知也就不同

是的，價值是來自於主體的選擇。在《韓非子》書中也有一則寓言故事：

宋國有個鄉下人，想將一塊璞玉獻給大臣子罕。但是子罕不接受，這個鄉下人就說：

「這可是珍貴的寶物啊！只有像您這麼高貴的人才配擁有。我太卑賤了，不配擁有它。」子罕聽了，仍不接受，他回答說：

「您將璞玉當作珍貴的寶物，而我認為不接受的寶物才是最珍貴的。」

你注意到沒？當主體不同，認知不同，價值也就不同。那個價值並不在於東西本身，而是在個人，在於你，是你決定什麼是有價值的。

就像有錢只是富有的一面而已，價錢也只是價值的一面。對於生病的人而言，健康便是富有；對於孤獨的人而言，有人關懷便是富有；對於失眠的人而言，能夠睡個好覺便是富有；富有跟錢的多寡無關，價值也跟價錢的高低無關。一本書的價錢雖然不高，但它的價值卻很高；而有些東西價格很高，但卻沒什麼價值。

有人認為一本書三百元很貴，但這些人卻願意花上三千元去吃大餐。那就得看個人的價值水平，是要上升到你的心靈，或是下降到你的腸胃。人們花錢的決定，可以明確透露他們的價值觀。價值觀不同，對價錢的認知也就不同。

現代的人大都以社會的價值為自己的價值，以金錢、財富、地位來論定一個人的價值；又再以名牌、名車、豪宅……來張顯自己的價值。盲目追求物質的結果，反而錯失了生命的價值。

生命是無價的，其實生命中真正有價值的事，都是沒有定價的。

真正有價值的東西都是無價的

如果有人問你：「你的生命值多少錢？」你一定會說：「生命是無價的。生命能用金錢來衡量嗎？」

如果有人問你：「你很愛這個人，那你的愛值多少錢？」你一定會覺得這個人瘋了。「愛是無價的，愛怎麼能用金錢來衡量呢？」

好，那如果生命和愛是無價的，請問它們是有價值嗎？「當然，」你會說：「因為生命來自愛，而愛又創造生命，生命和愛是人生最有價值的事。」

所以，價錢不等於價值，這是很簡單的道理。你去上班，得到收入，那是價錢，然後你把錢交給你的妻子，因為你愛這個女人，你愛你的家，愛你的孩子，這些愛是沒有價格的，是無價的，但就因為「那個無價的」讓你找到了生命的價值，那不是價錢可以衡量的，對嗎？

金錢可以買到美食，卻無法買到胃口；

金錢可以買到好床，卻無法買到好夢；

金錢可以買到好藥，卻無法買到健康；

金錢可以買到豪宅，卻無法買到溫馨的家……

金錢無法彌補情感的缺憾，金錢無法撫慰心靈的傷口；

金錢不能陪你一起歡笑，金錢不能減輕寂寞……………。

是的，真正有價值的東西都是無價的。

何權峰的幸福語錄

- 對一個在沙漠中快要渴死的人，一杯水絕對要比一袋鑽石更有價值。
- 價值並非絕對的，它來自你的欲望，如果你欲求它，它就有價值，如果你不欲求它，那個價值也就不存在了。
- 人們真正喜歡的，並不是鑽石本身的價值，而是它的價錢。
- 生命是無價的，其實生命中真正有價值的事，都是沒有定價的。
- 金錢可以買到美食，卻無法買到胃口；金錢可以買到好床，卻無法買到好夢；金錢可以買到好藥，卻無法買到健康；金錢可以買到豪宅，卻無法買到溫馨的家……金錢無法彌補情感的缺憾，金錢無法撫慰心靈的傷口，金錢不能陪你一起歡笑，金錢不能減輕寂寞…………。是的，真正有價值的東西都是無價的。

手段與目的

工作、金錢和車子都只是通往目標的手段而已，它們就像交通工具，並不是目的地，目的是幸福快樂。

如果你住在台北，而你打算去高雄，你會用什麼方法呢？搭火車、飛機、長途巴士，或者自己開車、騎腳踏車、用走的，當然你可以自由選擇，而這你所選擇的方式即是所謂的手段，而目的就是到高雄。

更明白的說，目的是我們想得到的東西，手段是取得的方法；目的是我們內心所嚮往的，手段是我們用來實現的行動。

為什麼跟大家說這些呢？因為大家經常把目的和手段搞混了。比方，你希望幸福快樂，所以幸福快樂才是目的，才是你的目標。但為了達到幸福快樂，大家是怎麼做的？每個人就開始給自己定目標——要找到好工作、要賺很多錢、要買一部名車……。結果在整個追求的過程，反而忘了要幸福快樂。

其實工作、金錢和車子都只是通往目標的手段而已，它們就像交通工具，並不是目的地，目的地是高雄，目的是幸福快樂，對嗎？

結果大家本末倒置，忘了幸福的根，而一昧地追逐它的葉。

追求是手段，生活才是目的

追求樹葉，而忘了樹根，這就是多數人的情況。為了加班拼業績，不惜犧牲和家人與孩子相處的時間；為了讓家人過更好的生活、讓孩子受更好的教育，結果到頭來反而沒跟家人好好相處，就連孩子也沒教育好；為了拼命賺錢，不惜透支健康；結果把身體拖垮了，再用那些辛苦賺來的錢來治病。

想想，這不是很蠢嗎？

引自耶穌的話：「人就是賺得全世界，賠上自己的生命，有什麼意義呢？」人們始終受制於價值的追求，不斷鞭策自己去實現價值；我們熱衷於實現價值的手段，而竟忘了價值的目的，也忘了享受價值。

在我的醫療生涯中，見過太多這樣的人，在某次突發的意外後，眼看人生就要草草結束，他們最大的遺憾就是：「未曾好好活過。」

如果你也是這樣走完一生，卻沒有享受到歡樂，是不是會覺得很悲哀呢？這時，就算讓你擁有再多的財富，又有什麼價值或意義呢？

人生是很短暫的。曾聽一位退休的教授說，人生真是來也匆匆，去也匆匆，彷彿才過青年節，怎麼就要過重陽節了呢？

想起，年少時讀過李後主的《烏夜啼》：「林花謝了春紅，太匆匆！無奈朝來寒雨晚來風……」讓人感到悵然，也生起了警悟。

生活是過程，我們不能只為了達成理想而放棄所喜歡的生活。如果整個追求的過程不快樂，即使達成了理想又怎麼樣？那將是很不理想的。

一個只知追求而不懂得享受的人，是既可憐又貧窮的人。

我現在不就是這樣了嗎？

有一則寓意深遠的故事。有一個美國商人，坐在夏威夷海邊一個小漁村的碼頭上，看著一個夏威夷土著划著一艘小船靠岸。

小船上有好幾條大魚，這美國商人對夏威夷土著的魚稱讚了一番，還問要多少時間才能抓到這麼多的魚？

夏威夷漁夫說：「才一會兒的功夫就抓到了！」

那商人再問：「你為什麼不待久一點，好多抓一些魚？」

夏威夷漁夫覺得疑惑：「這些魚已經足夠我一家人生活所需啦！幹嘛還要多抓一點？」

商人又問：「那麼你一天剩下那麼多時間都在幹什麼？」

夏威夷漁夫解釋：「我啊！我每天睡到自然醒過來，出海抓幾條魚，回來後跟孩子們玩一玩，再跟老婆睡個午覺。黃昏時，晃到村子裡喝點小酒，跟朋友們唱唱歌，我的日子可過得悠閒呢！」

商人不以為然，幫他出主意，他說：「我是美國來的企管博士，我倒是可以幫你忙——」

商人繼續說道：「你應該每天多花一些時間去抓魚，到時候你就有錢去買條大點的船，自然就可以抓更多魚，再買更多漁船；然後你就可以擁有一個船隊。到時候你就不必把魚賣給漁販子，而是直接賣給加工廠。然後你可以自己開一家罐頭工廠。如此你就可以控制整個生產、加工處理和行銷。然後你可以離開這個小漁村，搬到檀香山，再搬到洛杉磯，最後到紐約。在那裡經營你不斷擴充的企業。」

夏威夷漁夫問：「這要花多少時間呢？」

商人回答：「大約十五到二十年。」

夏威夷漁夫：「然後呢？」

商人大笑著說：「然後你就可以大發特發啦！時機一到，你可以宣佈股票上市，把你的公司股份賣給投資大眾。到時候就不得了啦！你可以幾億幾億地賺錢！」

夏威夷漁夫納悶地問：「賺那麼多錢，有什麼好處呢？」

商人說：「到那個時候，你就可以退休啦！你可以搬到海邊的小漁村去住。每天睡到自然醒過來，出海隨便抓幾條魚，跟孩子們玩耍，再跟老婆睡個午覺。黃昏時，晃到村子裡喝點小酒，跟朋友們唱唱歌囉！」

夏威夷漁夫疑惑的說：「我現在不就是這樣了嗎？」

人們不停的忙碌，希望多做事、多賺錢，讓生活過得更好。但是卻沒有想到若能少做一點事、少賺一點錢，可能反而活得更好。

我們每個人拼命努力，無非是希望有朝一日能過個「好日子」，卻沒想到如果懂得去經營生活，那種「好日子」馬上就是你的。

如果懂得欣賞，又何必非得要擁有？

享受的關鍵，不在於金錢，也不在於事業成就，而在於時間與心境。就正如你不一定要擁有太陽，才能享有它的光彩；不一定要擁有夜空，才能欣賞燦爛星辰，不是嗎？

哲學家艾伯特・胡巴特說：「我寧可有能力欣賞我無法擁有的東西，也不願擁有我沒有能力欣賞的東西。」

他說的對。不管你擁有的是什麼，除非你懂得去欣賞，否則得到了又有什麼用？

然而，再反過來看，如果你真的懂得欣賞，那又何必非得要擁有呢？

記住，讓我們感到幸福快樂的，不是我們擁有多少，而是我們享受多少。沒錯，是那些我們欣賞享受的，才是我們擁有的，也才是我們追求的真正目的，可別搞混了。

追求是手段，幸福快樂才是目的。把追求看成目的，而忘了該怎麼把生活過好，就是錯把樹葉當作樹根，那可就白活了。

何權峰的幸福語錄

- 生活是過程，我們不能只為了達成理想而放棄所喜歡的生活。如果整個追求的過程不快樂，即使達成了理想又怎麼樣？那將是很不理想的。
- 我們不停的忙碌，希望多做事、多賺錢，讓生活過得更好。但是卻沒有想到若能少做一點事、少賺一點錢，可能反而活得更好。
- 讓我們感到幸福快樂的，不是我們擁有多少，而是我們享受多少。沒錯，是那些我們享受的，才是我們真正擁有的。
- 追求是手段，幸福快樂才是目的。把追求看成目的，而忘了該怎麼把生活過好，就是錯把樹葉當作樹根，那可就白活了。

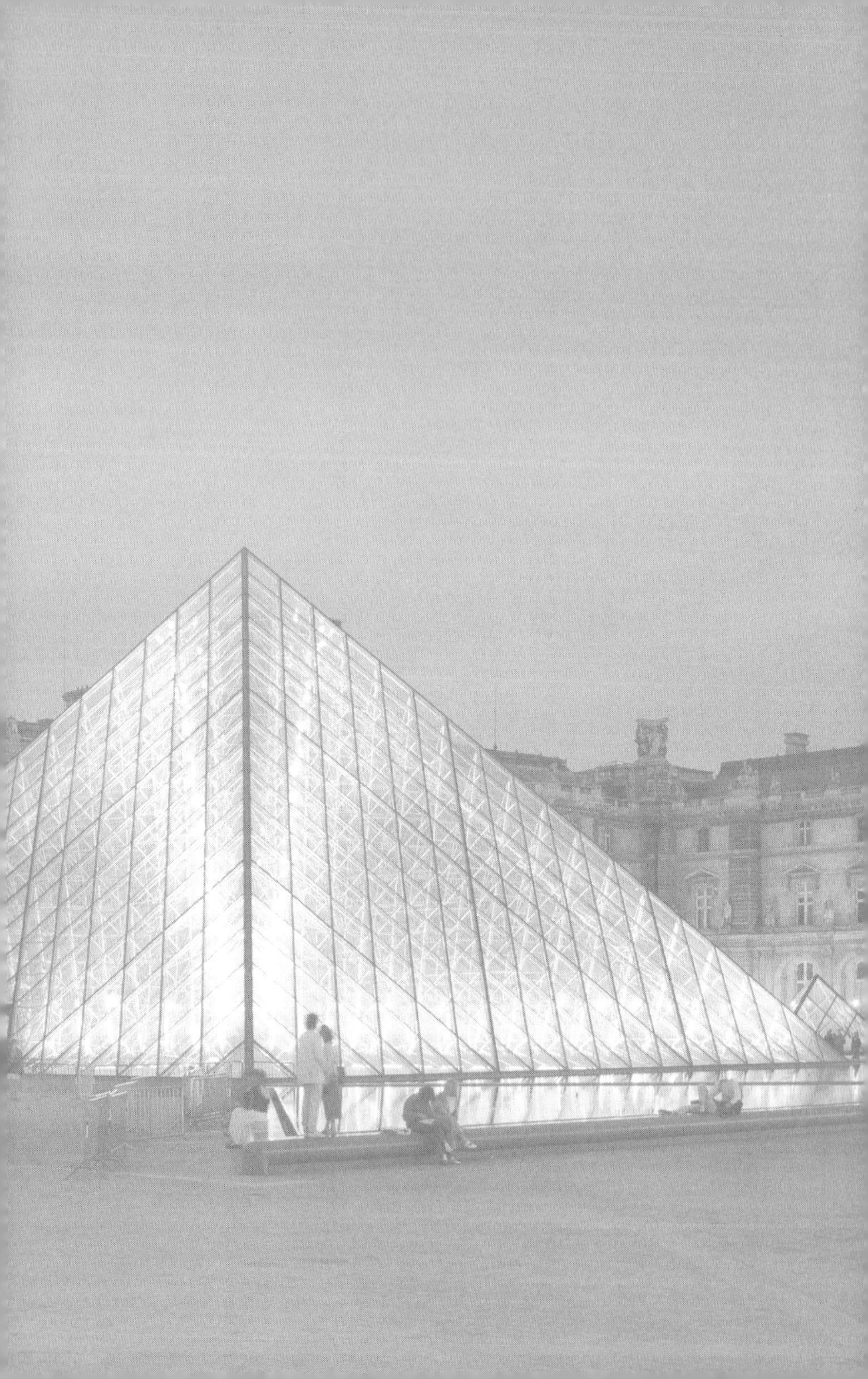

過程與結果

人生的百分之九十八都是過程，如果你只是為結果而活，為那最後的百分之二而活，那你十之八九是不快樂的。

在讀這篇文章之前，我想問大家一個問題：「如果要能使你快樂，必須達成哪些目標？」

是必須先賺到多少錢？必須先考上某個學校？必須贏得某個比賽？或是必須先達成某個願望，得到某個結果？如此才能使你快樂。

如果你也是這樣，也是對「結果」有所期待，那我想多半時候你必定是不快樂的，因為在達成的「過程」，也就是在你到達目標或得到你想要的結果之前，任何你所做的都變成一種負擔和痛苦，快樂只有在目標被達成的時候，它總是在未來，在將來、在以後，所以現在的你將很難快樂，對嗎？

幸福是旅途而非終站

就拿登山為例，如果你的快樂是「登上山頂」，那整個登山的過程，必然是苦多於樂，那是一定的，因為山峰是「點」，登山的道路是「線」，道路兩旁的風景是「面」；如果你只是為了那個「點」，而忽略了「線」和「面」，那你必定是苦多於樂、負擔多於享受。

如果必須「到達」山頂才快樂，那你整個「路程」怎麼可能快樂呢？

所以，當你在登上一座山之後，怎麼辦？你會去登另一座山；當你達成一個目標之後，你會找另一個目標，沒錯，你會一直追求，因為快樂總是在下一個目標、在下一個結果，在下一個山頭……

我曾問過一位喜愛登山的朋友，「登山最大的樂趣是什麼？我想應該是到達山頂那一刻，對嗎？」

「當然不是，」他說，「登上山頂的喜悅只是一瞬間的事。你歡呼吶喊一會，欣賞一下景色。但很快地你會感覺寒冷，並開始想到下山的路有多難。」

「那為什麼有那麼多人喜歡登山？」我不解地問。

「是攀登到山頂的歷程，」他說，「整個過程才是最重要的，而不是身處山頂，如果只是為了處於山頂，那坐直昇機來不就得了，何必那麼累呢？」

他說得對，重要的是過程而非結果。

就像我們到某個地方去遊玩，比方日月潭、阿里山、墾丁，沿途的風光，無論是山、水、石、木、花草皆是美景；真正到了目的地，反而可能被那裡的攤販或人潮倒胃口。

幸福是旅途，而非終站。

快樂並不是在目的地，是旅程中的每一步造就了快樂，旅程的本身就是目標，它們不是分開的兩件事。如果你能將過程當作目標一樣來享受，那整個旅程就會變得很喜樂。

要重視過程而不是去計較結果

有人說，世間不幸的根源只有兩種：一種是從未實現夢想，另一種是夢想已實現。

曾聽過一些作家，在完成了那本嘔心瀝血的曠世巨作後，便掉進了絕望的谷底；也曾聽過一些探險家，在征服了多年來一直挑戰的山嶽後，卻為沮喪所打倒。甚至有些成功人士，在達到成功的高峰或卸下光環之後，從此一蹶不振。

之所以會這樣，就是因為他們眼中只有目標，而對周遭的事物往往視而不見；他們只在意結果，而不在乎過程。

其實呢，勝利成功只是過程的一部分，最後的頒獎，也只是過程的極小部分，真正的樂趣必須在參與的過程裡去找。

我聽說有兩位球迷在爭論——

甲說：「你認為是輸贏比較重要，還是比賽過程比較重要？」

乙說：「當然是輸贏重要，兩隊比賽拼得要命，不就是為了爭出個輸贏嗎？」

甲說：「不錯。不過只是為了知道輸贏，你又何必從頭到尾來看這場球賽呢？乾脆讓我告訴你結果不就行了嗎？」

乙頓時無語。

「輸贏固然重要，最後的頒獎，也只是其中的一小部分而已，重要的是過程，那才是真正的樂趣所在。」甲說。

是的，過程才是最重要的。以我來說，寫作的過程是豐富有趣，完稿則是另一種滿足。假如我把最終的結果視為唯一的滿足，那整個寫作過程將是多麼艱苦無趣。

創作的過程正如一個待產的母親，她的快樂不只是來自嬰兒的誕生，同時也來自懷孕中的期待和喜悅。

人生的百分之九十八都是過程，如果你只是為結果而活，為那最後的百分之二而活，那你十之八九是不快樂的。

幸福是旅程而不是到站

生命是一趟旅程，它並沒有最終的目的地，如果有的話，那就是指在墓地。

旅途本身就是生命，過程本身就是結果。所以，不要擔心任何目標，不要去擔心任何結果，只要去欣賞、去享受；結果會照顧好它自己，你不需要去擔心。

高高興興地踏出第一步，第二步就會隨著第一步而來，然後第三步又跟著來。你不必去想結果，不必去想未來，未來是由現在所產生出來的。如果你能照顧好現在，你就等於是照顧了未來，不是嗎？你根本不需要去擔心。

你能為明天所做最好的準備，就是把今天過好；你能為目標所做最好的準備，就是把過程做好。

記住，只要過程是美好的，那結果必定是美好的；只要旅程是愉快的，那到達必定是愉快的。

一旦你懂得欣賞過程，那你人生的旅程，必定是美麗的。因為生命的目的並不在道路的盡頭，而是在整條道路上；因為美好的風景並不在目的地，而是在每一步路、在每一個景、在每一個呼吸、在每一個心跳，不論你在哪裡，那裡就是是你的目的地。

最後，讓我再提醒一次，快樂是參與而不是輸贏，幸福是旅程而不是到站。千萬不要為了趕著到達，而忽略了欣賞沿途的美景。

何權峰的幸福語錄

- 幸福是旅途，而非終站。快樂並不是在目的地，是旅程中的每一步造就了快樂，旅程的本身就是目標，它們不是分開的兩件事。如果你能將過程當作目標一樣來享受，那整個旅程會變得很喜樂。
- 勝利成功只是過程的一部分，最後的頒獎，也只是過程的極小部分，真正的樂趣必須在參與的過程裡去找。
- 旅途本身就是生命，過程本身就是結果。所以，不要擔心任何目標，不要去擔心任何結果，只要去欣賞、去享受；結果會照顧好它自己，你不需要去擔心。
- 快樂是參與而不是輸贏，幸福是旅程而不是到站。千萬不要為了趕著到達，而忽略了欣賞沿途的美景。

理想與現實

有理想就表示你現在是不理想的，於是你給自己創造出理想。理想在那裡，而你人在這裡，理想跟你有一段距離，你當然很不理想。

理想是很不理想的。

有理想就表示你現在是不理想的，於是你給自己創造出理想。理想在那裡，而你人在這裡，理想跟你有一段距離，你當然很不理想。

因為有理想，所以你對現在總是不滿；因為有理想，所以你必須不斷追趕；因為那個你想成為的理想是在未來，它們並不在現在，所以此時此刻你將是不理想的，對嗎？

當你想追求它，往往追求不到

人們老是帶著要達成這個，要完成那個，要成為這個，要變成那個的欲望在過生活，那是因為人們誤以為快樂必須是得到某個東西、獲得某個結果，或是達成某個目標和理想。

就是這個謬誤，人們創造出了理想，並為快樂定下許多的條件，你說：「等到我通過考試，我就快樂。」「等到我有錢，我就快樂。」「等到他改變，我才會快樂」……所以在等到或得到之前你將很難快樂，對嗎？於是你開始努力的追求，不斷的追尋，然而快樂似乎從未到來。

有個人在拜見過大師後，提出他的問題：

「大師啊！我一直想要快樂，但卻無法得到快樂，請問我要如何找到快樂？」

大師的房裡剛好有一隻貓。貓的尾巴很長，牠正轉頭在追逐自己的尾巴，一副旁若無人的模樣。

「你看看這隻貓，你覺得牠快樂嗎？」大師問。

那個人看著貓。貓一直在追自己的尾巴，忙得團團轉，卻又永遠抓不著。正當他有所領悟而想回答時，貓突然停下來，拖著尾巴步出房間。

「快樂就像貓的尾巴，」大師說，「當你追逐它時，你永遠抓不到它；但如果你不理它，你走到哪裡，尾巴就永遠跟在你的後面。」

喜樂從來都不是追求得來的，它不可能是，追求快樂，打從一開始，註定是失敗的。因為追求意味著它並不是跟你在一起，如果它已經跟你在一起，你需要去追求嗎？

當你不再追逐，它不找自來

企圖達到幸福快樂的努力是荒謬的，因為它一直跟你在一起，你要怎麼去達到，要怎麼去追，你無法透過努力來得到幸福快樂的。你的努力也許還會弄巧成拙，因為當你追求愈多，就愈焦慮；當你愈期待，就會愈緊張；你的焦慮緊張就是這麼來的。

反之，當你放下欲求、放下期待，你整個人也將跟著放鬆下來。當你不想達成任何事情，當你以現在的樣子就覺得很快樂，那不管你去到那裡，快樂都會跟著你走，你將隨處都感到幸福快樂。

沒錯，快樂就是這樣，快樂就像貓的尾巴——當你想追求它，往往追求不到，但是當你不再追逐，它不找自來。

我聽說有一個八十多歲的老人，每天發牢騷，悲觀厭世，任何事情都無法讓他高興。

有一天不知怎麼地，他突然變了，變成一個樂觀、開朗、充滿喜悅的人。

朋友很好奇地問他：「是什麼原因使你突然有這麼大的變化？」

這老人答道：「我一生都過得緊張焦慮，而且經常患得患失，因為我渴望得到某些東西，我一直沒得到。最後，我放棄了，決定即使沒有得到那些東西，我也要快樂，結果就快樂起來了。」

現實與理想之間的距離越大，你的緊張就越大，你也就越容易焦慮；距離越小，你就越放鬆，越放鬆也就越快樂。如果你跟你所想的根本沒有距離，你將安然自在，無牽無掛；如果你並沒有渴望達成任何理想，或成為你現在所不是的，那你又怎麼會緊張焦慮呢？

一旦你願意接受事物現在的樣子，而非你希望的樣子，那麼痛苦也就消失不見。一旦你願意接受現實，所有的問題也就消失不見。

把現實「理想化」

海哲說得好，「我們最需要的不是把理想現實化，而是將現實理想化。」即使理想與現實會有落差，但是我們還是可以把現實「理想化」。

英國著名的偵探小說家愛嘉莎・克麗絲蒂，有一次連續五年都待在伊拉克燥熱的沙漠中，陪著丈夫進行考古挖掘。

那兒的氣溫酷熱不說，物質條件又十分貧乏，生活之清苦自不待言。

「我看你這樣處處以丈夫為重，犧牲實在太大了。」她的一位閨中好友替她打抱不平說。

「其實嫁個考古學家當也不賴呀！」克麗絲蒂不以為意地說。

「為什麼？」

「因為妳年紀愈大，他對你愈有興趣。」

各位注意到了嗎？正因為她接受了先生的工作，所以那些艱難對她來說便不影響；由於她不去抗拒，所以問題也就不會產生；更由於她把「現實理想化」，所以她能甘之如飴。

蘇格拉底的妻子克珊蒂貝是一位惡妻，這是眾所皆知，因此有人問蘇格拉底：「為何娶這種女人當妻子呢？」

這位大哲學家答道：「擅長馬的人會選悍馬來騎。若能安穩的駕馭牠，其他的馬便能輕鬆自在的騎乘。而我若能忍受我妻子的話，對我來說，這世上便沒有無法相處的人了，不是嗎？」

他是對的，你無法打擊一個接受一切錯誤的人，不是嗎？你怎能挫折一個不計較、不在乎的人？沒辦法，對嗎？你永遠無法打敗一個不想贏的人。

給什麼，就要什麼

人生的幸福不是從你想獲得什麼而來，因為世事總是無法盡如人意，真正的快樂是來自於「給什麼，就要什麼」。明白這一點非常重要。

你注意到你的不快樂是怎麼來的嗎？你對先生太太有一個理想，但現實並不是這樣；你對工作、對生活有一個理想，但現實並不是這樣；你對幸福、對快樂有一個理想，但現實並不是這樣……這就是你不快樂的原因，不是嗎？

阿圖・魯賓斯坦（**Artur Rubinstein**）曾如是說：「大多數人都追求有條件的幸福，其實，唯有當你不設任何條件時，才能感覺幸福。」

想一想，如果你對幸福不設任何條件，你又怎麼會覺得自己不幸呢？如果你不要求一個特定的結果，你怎麼會失望？如果你不預設一個特定的目標，你怎麼會挫折？如果你不去抗拒任何既成的事實，你又怎會痛苦？

為什麼你要創造那麼多的理想？為什麼不去接受現實呢？

快樂就是接受那個「是的」，而不是去期待或強求那個「不是的」；更明白地說就是，接受事物現在的樣子，而非你所希望的樣子。套句艾爾伯特的話：「要得到你想要的一切很容易，如果你先學會不管你得到什麼。」

當你得到想要的東西，那很好；如果沒得到呢，那也沒關係；當結果是你希望的，去享受它，如果結果不是你期望的，也去喜歡它。這即是整個生活的藝術——不管發生什麼事，都能找出屬於自己的享受方式。

你給自己的理想太多、也太大了，你從來沒有想過，理想之所以叫做理想，那是因為不可能實現，否則就不叫理想了。

何權峰的幸福語錄

- 追求快樂，打從一開始，註定是失敗的。因為追求意味著它並不是跟你在一起，如果它已經跟你在一起，你需要去追求嗎？
- 你無法打擊一個接受一切錯誤的人，不是嗎？你怎能挫折一個不計較、不在乎的人？沒辦法，對嗎？你永遠無法打敗一個不想贏的人。
- 快樂就是接受那個「是的」，而不是去期待或強求那個「不是的」；更明白地說就是，接受事物現在的樣子，而非你所希望的樣子。
- 你給自己的理想太多、也太大了，你從來沒有想過，理想之所以叫做理想，那是因為不可能實現，否則就不叫理想了。

期望與失望

期望是完美的早餐，卻是糟透了的晚餐。你一直把期望投射到別人的身上，這就是你一再失望的原因。

你希望他能成為某個樣子，而他卻沒有，所以你說他讓你很失望。

你的失望是因為他還是老樣子，他依舊沒變，對嗎？然而，既然他還是跟以前一樣，那你的失望又是怎麼產生？

是不是因為他沒有達到你的期望，所以你覺得失望，對嗎？你的失望表示你遭到挫折，是因為他沒能讓你滿意，對嗎？

好，現在讓我們一起來想想，這個滿意是由誰來認定的？這個期望是由誰來訂定的？這個失望的人又是誰？如果你曾靜下來想過，你就會明白怎麼回事——原來這都是你自己創造的，你一直把期望投射到別人身上，這就是你一再失望的原因。

過度的希望，極度的失望

愛人之所以痛苦，都是因為期待，當你愛上一個人，你就開始創造出期望，幾乎每一對情侶和伴侶都那麼做，每一個父母對子女也這麼做，當對方若沒有達到「預設」的期望時，問題就來了。

你想過嗎？為什麼你會對你所愛的人生氣？那些你愛得愈深的人，你就氣得愈深；愛得愈多的人，你就怨得愈多，為什麼？是不是你沒有從那個人身上得到預期的東西。

你愛你的家人、愛你的妻子或丈夫、兒子或女兒，但你最常生氣的對象又是誰？是他們，對嗎？因為他們讓你失望、他們辜負了你，他們讓你產生痛苦……

就像阿根廷作家博爾赫斯說的：「過度的希望，自然而然地產生了極度的失望。」今天感情和親情問題會有那麼多，即是因為有太多的人對所愛的人有過多的期待，期望愈高，失望就愈大。

一個人會由愛生恨，多半也是把感情建立在對對方的期待上。如果你對對方沒有任何期待，你就不可能產生恨意，你怎麼可能去恨一個你不在乎的人呢？

所以當我們聽到「我恨你」時，其實對方真正的意思是說：「我這麼愛你，你怎麼這樣對我？」

你那麼愛他，處處為他著想，而他竟然不順你的心，不合你的意，竟然這樣對你，這就是你氣他、憤恨他的原因，不是嗎？

你真的愛，你就不會想改造對方

因為愛他，才會希望他變得更好、變得更完美，難道這也有錯嗎？你感到疑惑。

其實，一直以來人們就是這樣弄錯的，他們以為改變對方是因為愛，這真是很大的誤解。

如果你真的愛，你就不會想改造對方。記住，你會想改變，那是因為你不喜歡、你不愛，所以你才會想去改變，才會想去改變對方成為你所愛的樣子。

我這麼說也許很多人會不服氣：「要不是因為愛，我才懶得理他」「我這麼做，還不是為他好」。是這樣嗎？那請問，如果你是為了他好，為什麼他會愈來愈不好？你難道沒有發現嗎，當你「愈是為他好」，你們的關係就愈來愈糟？

當然啦，我不否認你是真的有愛，不過你愛的人「好像是」你自己，而不是對方，只是你沒有發現而已。

人們所謂的愛，都是愛自己所愛的。

去看看人們的愛，父母對孩子「應該怎麼樣」遠比對孩子原本的樣子有興趣；老師對學生「應該怎麼樣」遠比對學生原本的樣子有興趣；先生對太太「應該怎麼樣」遠比對太太原本的樣子有興趣；太太對先生「應該怎麼樣」遠比對先生原本的樣子有興趣，這是愛嗎？他們愛的是他們喜歡的樣子，而不是對方原本的樣子，這哪是愛？

所以當對方做了你不愛的，不符合你期待的樣子，你就生氣，你就不愛，仔細想想看，這到底是愛對方還是愛自己？

愛是接受，如果你真的愛一個人，你會按照他原來的樣子來接受。只有當愛消失了，要求才會出現，要求改變只是用來掩飾不愛的事實。

別人只是表露出他們本來的樣子

有個女人因婚姻出了問題到大師那裡請求開示，她抱怨丈夫的種種，言語中透露著諸多的無奈，大師坐在那兒聽他說完。

最後大師說：「如果你能夠成為一個比較好的妻子，你婚姻的問題馬上就會改善。」

「那，我要怎麼去做呢？」

「不要再努力要他成為一個比較好的丈夫。」

愛不是改變對方，而是要成全對方；愛不在抹掉或改造對方的風格，而是成全雙方的真實自我。

事實上，沒有任何人存在是為了要滿足你的期望的，每一個人來到世上都是為了滿足自己、都是為自己而活。

你怎麼能把你的期待放在別人身上呢？你怎麼能怪別人讓你失望？怎麼能氣別人或恨別人辜負了你？別人只是表露出他們本來的樣子。沒錯，那就是他，他就是這樣。為什麼不去接受事實的真相？為什麼被你所愛就必須為你所要的東西負責？

在任何關係中，一個人所擁有的一切（包括喜好、個性、想法、行為、生活習慣……），就是在你出現之前，就已經存在和享有的，為什麼因為你的出現，他就必須改變？你不是一直希望做你自己嗎？為什麼別人就不能做自己？

有太多的人沒能在親密關係中得到什麼，原因就在於——他們對對方要求太多了！

你就是自己期望下最大的受害者

關係永遠不會讓人絕望，它們只不過沒給你你所期望的東西，這是因為你帶著錯誤的期待進入關係。

明白了嗎？真正帶給你痛苦的並不是那個人，是你對那個人的期待，是那個期望帶給你痛苦。

下回當你覺得失望受挫時，別忘了問問自己：「這個痛苦是怎麼來的？

是不是因為我的期待才造成的？這些期待合理嗎？能放下嗎？」

一旦放下期望，放下對結果的執著，你的心就會平靜下來，你將發現原來你就是自己期望下最大的受害者。

何權峰的幸福語錄

- 好，現在讓我們一起來想想，這個滿意是由誰來認定的？這個期望是由誰來訂定的？這個失望的人又是誰？如果你曾靜下來想過，你就會明白怎麼回事——原來這都是你自己創造的，你一直把期望投射到別人身上，這就是你一再失望的原因。
- 一個人會由愛生恨，多半也是把感情建立在對對方的期待上。如果你對對方沒有任何期待，你就不可能產生恨意，你怎麼可能去恨一個你不在乎的人呢？
- 愛是接受，如果你真的愛一個人，你會按照他原來的樣子來接受。只有當愛消失了，要求才會出現，要求改變只是用來掩飾不愛的事實。
- 有太多的人沒能在親密關係中得到什麼，原因就在於——他們要求太多了！
- 關係永遠不會讓人絕望，它們只不過沒給你你所期望的東西，這是因為你帶著錯誤的期待進入關係。

愛人與被愛

想擁有愛，不是去求愛，而是要去愛人。對，要去愛人，而不是去要求別人愛你，那他一定會更愛你。

在情侶之間，最常聽到的爭執與疑惑，不外乎「你到底愛不愛我？」反而很少人會問「我到底愛不愛他？」。

你去注意一下那些情侶們，他們對彼此說：「我愛你」，可是他們內心深處其實是想被愛，他們真正關心的是自己是否被愛。愛人不是重點，被愛才是真的。換句話說，他們愛人是為了自己能被愛，所以情人們一再的問「你到底愛不愛我？」，原因就為了「要被愛」，至於自己是否愛人，反而是其次了。

愛是為了被愛

愛最大的問題，就是每個人都希望被愛，但大家最欠缺的就是愛。

只要你需要別人愛你，你就是一個欠缺愛的人；需求愈多，表示你的愛就愈少。而如果你的心中欠缺愛，對方也欠缺愛，他也想從你這邊得到愛，兩個乞丐向對方乞討愛，結果會怎麼樣？

誰也得不到什麼，對嗎？所以在愛的裡面，人們感到受傷、挫敗、氣憤，每個人都覺得受騙，原因就出在我們愛一個人，我們就期待有所回報，回報總是被期待著，雖然我們用愛做包裝，但裡面裝的不是禮物，是期待、是回報；當一方沒有達到「預期」的回報時，問題就來了。

這也就是為什麼情侶和伴侶們常在對彼此發牢騷：「你不夠愛我！」如果你去衡量別人回報給你的愛，你將永遠覺得不夠，覺得別人虧欠你，因為衡量的本身就不是出自愛。

這世界原本充滿著愛，先生愛太太、太太也愛先生、父母愛子女、子女也愛父母，愛一直都在，每個人都關心著所愛的人，但奇怪的是，為什麼被愛的人卻沒有因此過得更好、更幸福？為什麼家庭與婚姻的不幸反而愈來愈多？

大家彼此都在關愛，但這個世界卻充滿著怨恨。一定有什麼地方弄錯了，否則怎麼會這樣？難道不該有愛嗎？不，當然不是。愛並沒有錯，錯的是你的愛是帶有目的，你的關愛包含了太多的期待，你的愛是為了被愛，這即是問題所在。

真正的愛是在你不需要另一個人的時候，真愛才發生。也就是說，在你完全的滿足於自己，不必依賴別人，愛才有可能發生。假若你對別人有需求，期待別人愛你，你只會去佔有、控制、剝削，你無法愛。

感激被你愛的人

愛人們常會要對方為自己的「錯愛」負責，這當然是弄錯了。原因很簡單，當初是誰決定要去愛的？是誰願意付出的？那個人是誰？

你的愛，難道不是出於自己的意願嗎？

你會對某人有愛，對某人付出，那是因為你喜歡他、欣賞他，愛是為了表達自己，而你的付出也是為了表現你的愛，這些愛都是源於自己，是自私的……對一個你不愛的人，你又怎麼可能付出呢？

你的愛是出於自己，這跟對方是否愛你無關，因為那個愛的產生和感覺是你的，不是對方的，所以，真正要對愛負責的人，當然是自己。

你愛他，其實完全不甘他的事，除非他也愛你。你們相愛也是「為了自己」而愛對方，至於愛的多深，會愛多久，那都是看你自己。總之，你們為愛所做的一切，原以為是為了對方，其實都是為了自己；原以為是愛人，其實是為了被愛。

所以當有人接受你的愛，要由衷感激的人應該是你，對方原可以拒絕你的；當愛被接納的時候，是滿懷謝意的——你要去感謝你所愛的人；因為他的出現，讓你產生愛的感覺；因為他的存在，讓你看到愛的美妙；因為他接受了你，讓你體驗到什麼是愛，體驗到生命的光彩。

這一切是誰帶給你的？沒錯，是他。所以人們常說「真愛不求回報」，因為愛的本身就是最好的報酬，僅僅是愛的付出，在那個愛的行動裡，就讓整個人都洋溢著幸福，誰在乎有沒有回報？

當你愛的時候，受益的人是自己，所以不要心存你是在為別人做什麼的想法，不要去想報酬，不要著眼在對方為你做些什麼。對，你應該感激被你愛的人，而不是要求被愛。

為什麼之後一切全變了？

剛開始交往時原本是那般的美好，為什麼之後一切全變了呢？這問題一再被提到。原因很簡單，因為戀愛時，你是在愛人；進一步交往之後，你是期待被愛；在戀愛時，你是在付出自己；當結婚之後，你是在要求別人；在開始時，你是在付出；之後呢，你是在要求回報。

愛一再出錯，錯在哪裡？錯在人們一直沒有搞懂，愛是給，而不是得；愛不是出於需求，而是分享；不是出於匱乏，而是出於豐富。

就像一朵花開，芬芳自然會散發開來。愛是分享滿溢的喜悅，因為，你擁有那麼多的愛，你充滿著幸福喜悅，你希望有人跟你一起分享，那即是愛。

然而，現在人們尋求愛的原因，卻是為了得到愛，而不是為了分享愛。每個人都在要求，要求別人來愛你——要求那些跟你一樣欠缺愛的人來愛，這就是為什麼你總是得不到愛，為什麼愛得那麼辛苦。兩個欠缺愛的人渴望得到對方的愛，結果可想而知，他們只能互相剝削，把彼此榨乾，否則能怎麼辦呢？

試想，如果你只顧著要求別人，你還有多少時間來愛人呢？如果你無法去愛，又如何期待別人去愛你？

何權峰的幸福語錄

- 愛並沒有錯，錯的是你的愛是帶有目的，你的關愛包含了太多的期待，你的愛是為了被愛，這即是問題所在。
- 你的愛是出於自己，這跟對方是否愛你無關，因為那個愛的產生和感覺是你的，不是對方的，所以，真正要對愛負責的人，當然是自己。
- 當有人接受你的愛，要由衷感激的人應該是你，對方原可以拒絕你的；當愛被接納的時候，是滿懷謝意的——你要去感謝你所愛的人。
- 愛一再出錯，錯在哪裡？錯在人們一直沒有搞懂，愛是給，而不是得；愛不是出於需求，而是分享；不是出於匱乏，而是出於豐富。

求人與求己

想要活得快樂、有尊嚴，就要學習「不求人」，而應該反過頭來「求自己」。求別人來愛，是條曲折小道；去愛自己，卻是條康莊大道。

在關係中如果你常覺得不快樂，那是因為你執著於別人，期待從別人那裡得到快樂，你依賴著別人，所以你才會如此的不快樂。有依賴就會有痛苦，這是一定的，因為你使自己變成奴隸。換句話說，你是在「求人」，你把自己交給了別人，讓別人來操控你，那你怎麼可能快樂呢？

「求人」會讓你為了想討好別人而扭曲自己；為了迎合別人而委曲求全。「求人」讓你感到矮人一截，特別是當你的要求被拒的時候，你會變得失望、沮喪，從失望沮喪不可避免的會衍生出悲傷、忿怒、妒嫉等不愉快的情緒。

想要活得快樂、有尊嚴，就要學習「不求人」，而應該反過頭來「求自己」。怎麼求自己呢？很簡單，就先從「愛自己」做起吧！

誰會去愛一個不愛自己的人？

愛自己，首先要知道自己愛什麼，知道自己喜歡什麼，然後去享受它們，就像善待你最愛的人那樣。

作家范贊特（**Iyanla Vanzant**）說，「真正愛我們的人，會懂得呵護、信任、支持並鼓勵你，他的愛是無條件的。那個人就是你自己。」

她說得對，愛自己是不需要任何條件的，無條件的對自己好，因為你才是自己生命中最重要的人。我可以理解，你需要別人的愛來肯定自己，但，如果你不先愛自己，別人怎麼可能愛你？如果你不懂得尊重自己，那別人又怎麼可能尊重你呢？

誰會去尊重一個不尊重自己的人？有誰會去愛一個不愛自己的人？就算真的有人試著來愛你，你也不可能相信他，你一定會去懷疑，怎麼可能有任何人愛你？你自己都無法愛自己了，那個愛一定是假的，你會不斷去猜忌、不斷去懷疑，直到那個愛消失。一旦你無法愛自己，你也就無法接受別人的愛。

所以，要別人愛，只有一個方法，就是做一個值得愛的人；要值得別人的愛，就是要懂得愛自己，那是基本的，如果你只是期待消極的等待被愛，你就不可能是一個值得被愛的人。

愛自己是自私的嗎？

愛自己是自私的嗎？這是人們常有的疑慮。

我們的社會譴責人們對自我的愛，他們說那是自私、是自戀、是不自重。這完全是搞錯了。請問，是求人，還是求己的人比較自私？當然是求別人，是對別人有所要求的人比較自私，對嗎？

一個愛自己的人會去追尋令他快樂的事，當他愈快樂，就愈能幫助其他的人快樂，這怎麼會是自私的呢？

有位弟子問師父：「如果每個人都自掃門前雪，那麼這世界不變得一片雜亂？」

師父笑答：「不，如果每個人都把自己腳邊掃乾淨，全世界就變乾淨了。」

If each would sweep before his own door, we should have a clean city.

是的，假如每個人都肯清掃自家門前，我們就會有一個乾淨的城市；假如全世界的人都懂得自愛的話，那人人都將是快樂和滿足的，那自私反而不會存在。

林肯說過：「你無法把自己變成窮人再去幫助窮人。」要想給別人什麼，你必需先擁有些什麼。我們無法給別人我們沒有的東西，不是嗎？

想想看，如果你沒有知識，你能教別人學問嗎？如果你不曾歡笑，你能給別人歡樂嗎？你自己沒有的東西你是無法給的，你不可能再把自己弄得很痛苦時卻為別人帶來快樂，這是很簡單的道理。如果你希望別人愛你、希望別人喜歡你，你需要的是先愛自己，讓自己先快樂起來，因為沒有人會喜歡緊繃著臉、不快樂的人。

唯有當你愈愛自己，愈滿足自己的生活，才愈有能力和別人分享你的愛，去愛別人，並接受別人的愛。

快樂需要靠自己去成全

人必自愛而後愛人。別人要怎麼對你，不是取決於別人，而是取決於你。

是的，是取決於你。如果你的伴侶從未好好愛你，那是因為你從未好好愛過自己；如果你的伴侶一直都看輕你，那是因為你一直沒有看重過自己；如果你的伴侶總是不尊重你，那因為你老是不懂得尊重自己。

人我之間的互動，都是自己造成的。當你懂得重視自己的感覺、想法、做法，別人也會如此。反之，當你處處迎合，讓人予取予求，那別人也不會尊重你。因為，無形之中你已經傳遞給對方訊息——即是「別人比你重要」，不是嗎？

你怎麼對待自己，別人也會怎麼對待你。對方會從你的身上學到與你相處的模式，他們會從你的反應去判斷，哪些是不可行，哪些是可行的，之後再得寸進尺……

因此，當你覺得你的伴侶不愛你、不尊重你時，在抱怨之前，請先問問自己：你有好好愛過自己嗎？你是否尊重自己？

乞求別人的愛一定會痛苦，但是更愛自己卻是解決痛苦的良藥。所以，別再去寄望別人了，停止在別人身上尋找快樂，你的幸福並不在那裡，你應該反過來求自己。別忘了，快樂需要靠自己去成全。

等待別人來愛，是條曲折小道；去愛自己，才是康莊大道。

何權峰的幸福語錄

- 想要活得快樂、有尊嚴，就要學習「不求人」，而應該反過頭來「求自己」。怎麼求自己呢？很簡單，就先從「愛自己」做起吧！
- 要別人愛，只有一個方法，就是做一個值得愛的人；要值得別人的愛，就是要懂得愛自己，那是基本的，如果你只是期待消極的等待被愛，你就不可能是一個值得被愛的人。
- 要想給別人什麼，你必需先擁有些什麼。我們無法給別人我們沒有的東西，不是嗎？
- 人我之間的互動，都是自己造成的。如果你的伴侶從未好好愛你，那是因為你從未好好愛過自己；如果你的伴侶一直都看輕你，那因為你一直沒有看重過自己；如果你的伴侶總是不尊重你，那是因為你老是不懂得尊重自己。
- 因此，當你覺得你的伴侶不愛你、不尊重你時，在抱怨之前，請先問問自己：你有好好愛過自己嗎？你是否尊重自己？

抓住與放下

唯有那些死亡無法帶走的才是你真正擁有的，唯有那些你願意放下的才是你真正抓住的。

不論你想抓住的是什麼，要記住，任何你想抓的東西，將反過來抓住你。

你想抓住什麼？想抓住你的丈夫、妻子、孩子，想抓住你的職位，你的金錢，你認為你真的抓住他們嗎？不，其實你才是被抓住的。

他是被糖果抓住了

你想抓住別人，你限制你伴侶、孩子、員工、學生，不准他們做這做那，不准他們去這去那，你認為他們是被你抓住的嗎？

想像一個犯人坐在牢裡，有個獄卒必須全天守候著他。請問，誰才是犯人？那個犯人累了可以打個睏，睡個覺，但那守衛行嗎？他必須二十四小時看守著犯人，請問現在誰比較像犯人？

你想抓住你的房子和錢財，你怕被偷、怕被搶，於是你加蓋圍牆、裝鐵門加鐵窗、裝監視器……把房子弄得像監獄一樣，想一想，到底是你擁有房子，還是房子擁有你？是你抓住了錢財，還是錢財抓住了你？

這故事你應該也聽過：

有一個老先生非常喜歡吃糖，又怕被別人偷吃，所以，就把糖果放在隱密的往瓦罐裡，這樣一來，別人就看不到他的糖果了。

有一天，女兒在忙著工作，突然間聽到父親數聲的驚叫，連忙奔跑去察看……

「我的手，我的手！」

「你的手怎麼啦？」女兒急問。

「我的手塞在瓶子裏，拔不出來了！」

女兒一看，雙手握住瓶身，使出全身力量，要幫父親把手拔出來，但無論怎麼用力，那隻手就好像植根大地的樹木，怎麼也動彈不得。最後只好找了塊磚頭，朝著瓦罐那圓鼓鼓的腹身敲下，「噹啷」一聲，瓦罐應聲破成數片，露出老先生滿抓一把糖果的瘦手，堵在窄窄的瓶頸裏，硬是無法抽出。

這老先生是抓住糖果嗎？不，他是被糖果抓住了。

一無所有，才是真正的自由

人們往往認為必須抓住，才能擁有，就是這個誤解，反讓自己被抓住。

拿感情來說吧！我發現有太多的關係都處於類似的狀態：許多早該分開的，

卻又不願分手；他們其實早已貌合神離，在一起過得很不快樂，但卻還緊抓著不放。

當我問他們為什麼不分手，既然你們在一起那麼痛苦，為什麼不離開對方，為什麼還要在一起？得到的回答通常是：「我也想過要離開，要不是念在舊情、念在孩子、念在兩個人過去……」當你要他們離開對方，突然間，他們又開始珍惜起感情，這是很奇怪的。

我說：「如果你們還有念著舊情，還有念著孩子，那就更應該放手才對。這樣對彼此，對孩子都好，不是嗎？」

人們是那麼地害怕一無所有，害怕兩手空空，能抓住些什麼，總比什麼都沒有好，即使是抓住痛苦，抓住垃圾都好，卻沒想到一無所有，才是真正的自由。

你本來就是自由的，事實上，你是完全自由的。並沒有任何枷鎖把你綑綁住，是你自己緊抓著枷鎖不放，這才是問題所在。你並非無路可走，而是你害怕走出去，懂嗎？

放下束縛，放棄熟悉的牢籠，走出去，然後整個天空就是你的。

放不下的是你對「他們」的執著

你知道人為什麼會有那麼多痛苦嗎？就是因為放不下，放不下感情、金錢、名位、權力……。

為什麼會放不下？執著在一個「我」，有我就會有執著，有執著就帶來痛苦。

你說，這是「我的」先生、「我的」太太、「我的」孩子、「我的」房子、「我的」車子……。當你說這是「我的」車子時，你對它就放不下了。當你的車子被碰到、被刮傷、被弄髒，你就會不高興對不對？當你說這是「我的」孩子時，你就執著於他。你的快樂、悲傷、喜樂、痛苦都受他左右，不是嗎？

我們所有的痛苦都環繞著「我、我、我……我的孩子、我的工作、我的先生、我要這個，我討厭那個……」這就是我執，也就是為什麼會放不下。人們往往把執著誤以為是愛，把放不下誤以為是關心，這是不對的。

你說，我放不下工作、我放不下孩子、我放不下感情……。你是真的放不下他們嗎？不，你放不下的其實是自己，放不下的是你對「他們」的執著。

我覺得人有時候很像蜘蛛，一生不斷的吐著情絲，到處黏附著事物，掛懷著親人，把自己纏繞在密密麻麻的牽絆，貪、癡、迷、戀，越是重情的人就越想不開，越放不下。

在醫院，我看過許多病人，即使已瀕臨死亡邊緣，卻還在擔心一大堆事——擔心兒子還沒娶，女兒要改嫁；擔心天冷了誰來幫他們蓋棉被、添衣服，擔心房子沒打掃，衣服忘了晾……擔心這個家，擔心這個少了他的世界該怎麼延續下去，所以你可以看到他們總是一而再，再而三的叮嚀著。

睡的時候想到自己都可能長眠不起，還有什麼放不下的呢？

看吧！我什麼也沒帶走

其實，死亡本身並不會有絲毫的痛苦，少了肉身的束縛，反而是愉快舒服的經驗，人們之所以認為死亡是痛苦的，那是因為牽掛和想抓住的東西太多了。

如果你是那種占有欲很強，凡事都放不下的人，死亡對你而言將是一個慘痛的經驗，你會遭受極大的痛苦。你受苦不是因為死亡，而是因為你放不下。既不得不走又捨不得離開，既不得不放又捨不得放手，結果把死弄得如此的痛苦難過。

我曾聽過一則佛教的故事，大意是這樣。有一位佛門弟子在魂魄脫體時，從一個小門進入一個珠寶的世界，放眼望去，應有盡有，這遊魂拼命的抓，各種珍奇異寶，配戴的飾物，他都緊抓著不放，突然瞬間燈光消失，他陷入一片漆黑，這才發現原來這是地獄。

後來他好不容易找到先前的小門，但因身上抓住的東西太多，又捨不得割捨，所以走不出來。這時，地藏菩薩看到了，對他說：

「把你抓住的東西放下來，不就逃離地獄了嗎？」

然而這遊魂卻捨不得放下，因而繼續在那裡受苦。

想想，有什麼事，真的非你完成不可？有什麼人，真的非你莫屬？有什麼東西，真的是你非抓住不可？

猶太教法典說，人握拳來到這世界，彷彿在說：「整個世界都是我的。」但人離去時卻是攤開手掌，彷彿是說：「看吧！我什麼也沒帶走」。

你來到世界的時候什麼都沒有，所以當你走的時候，你必須將所有得東西都留在這裡，你無法帶走任何東西。別聲稱說，那是你所有的。沒有什麼是你的，你的存款、你的聲望、你的權勢，你最喜歡、最愛的這個那個……你什麼也帶不走，所有的一切在你離開時，你都得放掉。

既然到最後，沒有一件你喜歡的東西可以永久持有，也沒有一個你喜歡的人能緊抓著不放，何不學著豁達地放下呢？

你願意放下的才是你真正抓住的

每天早晨，和大多數人一樣，你背著過去的包袱，直到入眠方休；到了第二天早晨，你又再度背起昨天的包袱……就這樣，生命越往前走，你的包袱和負擔就越重，包袱越沉重，你就越不快樂，你的旅程就越早結束。

德川家康說，「人生不過是一場帶著行李的旅行，我們只能不斷向前走，並且沿途拋棄沉重的包袱。」

我們都只是過客而已，這裡並不是我們的家，在這裡你所看到的每一樣東西，所使用的每一件物品，都只是借你暫用的，等你回家時，這些東西都要留下來。

所以，別去佔有，你應該盡情的去分享，分享你現有的一切，分享你的財富，分享你的快樂，分享那些你死後帶不走的，要記住，唯有那些死亡無法帶走的才是你真正擁有的，唯有那些你願意放下的才是你真正抓住的。

何權峰的幸福語錄

- 不論你想抓住的是什麼，要記住，任何你想抓的東西，將反過來抓住你。
- 人們往往把執著誤以為是愛，把放不下誤以為是關心，這是不對的。
- 你說，我放不下工作、我放不下孩子、我放不下感情……。你是真的放不下他們嗎？不，你放不下的其實是自己，放不下的是你對「他們」的執著。
- 其實，死亡本身並不會有絲毫的痛苦，少了肉身的束縛，反而是愉快舒服的經驗，人們之所以認為死亡是痛苦的，那是因為牽掛和想抓住的東西太多了。
- 既然到最後，沒有一件你喜歡的東西可以永久持有，也沒有一個你喜歡的人能緊抓著不放，何不學著豁達地放下呢？

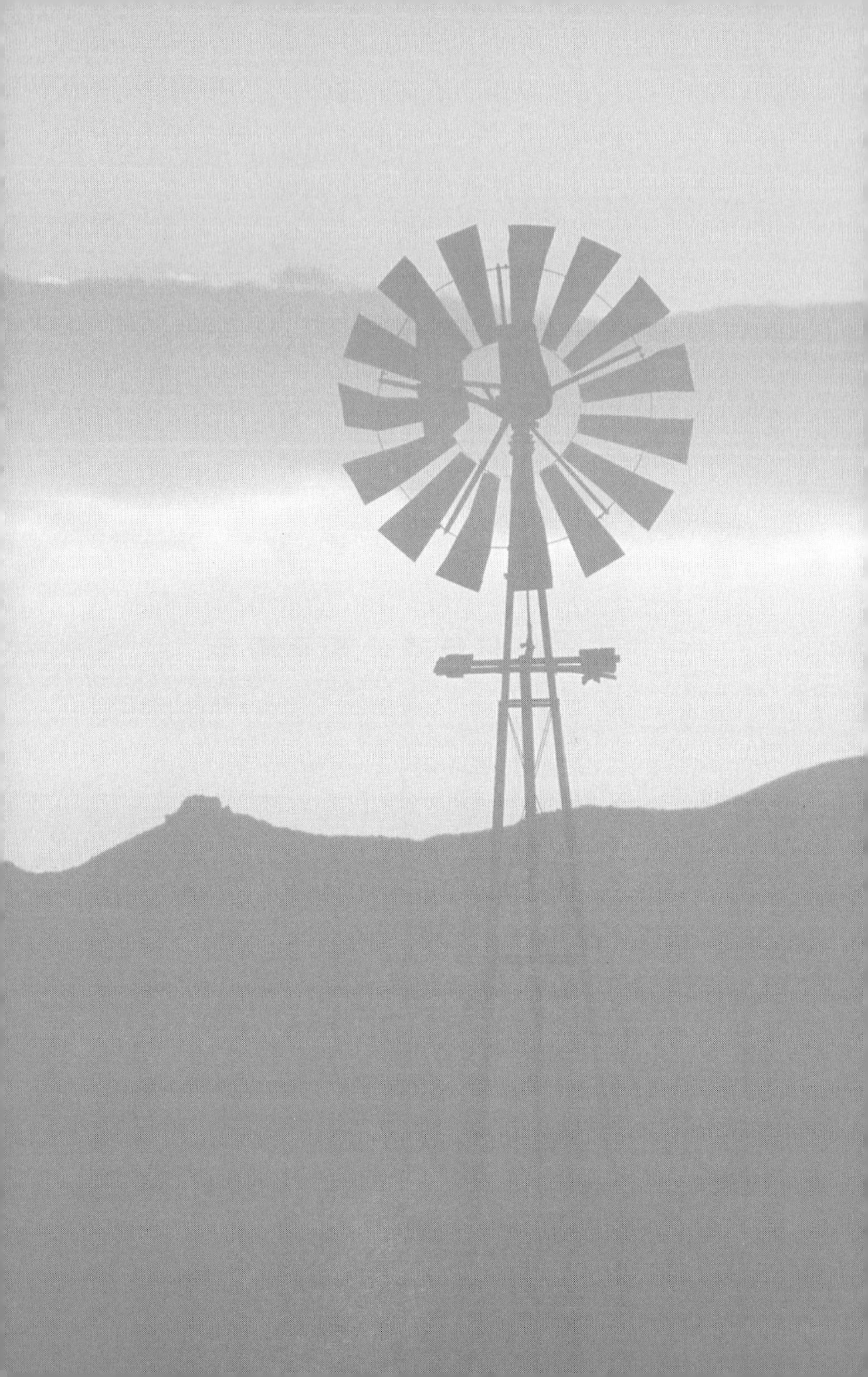

想法與感覺

發生的事只不過是發生的事，你對它的感覺又是另一回事。如果你的想法是好的，你的感覺和心情就不可能是壞的。

你注意過這個現象嗎？有時你非常快樂，然後忽然間想到某件事，你會突然沮喪起來；而有時你是沮喪的，但當你想到某件事，你又突然快樂起來。

你有發現嗎？當你心情好的時候，感覺好像凡事都順心如意，一切都美好；當你心情不好的時候，那就糟了，你會覺得諸事都不順，好像每個人都跟你作對。

為什麼會這樣？原因就出在你的想法，是的，你的感覺和情緒都是來自你的想法。只不過因為我們對自己的想法都太習慣、也太熟悉了，以至於沒有發覺，原來不好的心情和感覺都是自己「想出來的」。

想法決定感覺

回想一下，上回你心情不好是什麼原因？當時你為什麼如此地生氣、沮喪、憂愁呢？一定是先有了負面的想法，對不對？如果沒有憤怒的想法，便不可能覺得生氣；若沒有消沉的想法，便不可能覺得沮喪；沒有擔心的想法，便不可能感到憂愁。

每一個情緒都是從想法開始的，其他的都只是你個人的解釋。

比方說，你跟朋友約好一起吃飯，但屆時他卻沒有出現。此時如果你的想法是：「他會不會出什麼事了？」這時你就會覺得擔心。反之，如果你的想法是：「他這個人真是不守時？」這時你就會覺得不高興。

再比方，公路上有輛汽車插入你車子前方，當時如果你想的是：「這混蛋！差點撞到我！」你愈想就愈氣，心情自然也就跟著七上八下。然而，如果你的想法是：「他一定有什麼急事，所以才開那麼快。」這時，你還會那麼生氣嗎？不，你可能反過來還會同情他。你的情緒不同是因為你對於事件作了不同的解釋，是因你有了不同的想法。

想法決定感覺，而感覺會影響心情。所以，人們常說：「我會生氣是因為那個人……」、「我會覺得不高興是因為他做了某件事。」這說法是不對的，你的感覺並非來自事件，而是來自你的想法，事件都是中性的，是你的想法決定自己的心情。就像前面的兩個例子，同一件事如果想法不同，結果當然也就不同。

原因是你「不斷地去想」

有一個同事，她告訴我說，「她覺得自己最近一直悶悶不樂，而且很容易動怒。」當我試著分析她生氣的原因時，她說：「坦白說，何醫師，我很氣我的先生，我一想起他以前對我的傷害，我就愈想愈氣。」

「那就別去想那些會讓自己生氣的事。」我說。

「難道是我自己要的嗎？」她說：「若不是他當初那麼過份，我又怎麼會生氣？」

「這得問妳自己，妳為什麼要生氣？」我反問她。

她聽了一臉茫然。

「生氣其實都是自找的，不是別人惹的。」我跟她解釋，「妳說，妳會不高興是「因為」你先生；妳會那麼氣他，那是「因為」他曾經傷害妳，他太過份了……這些或許都是千真萬確，他真的很過份，或許他曾經傷害妳，他讓妳受到委屈，但是會讓妳生氣、讓妳不高興真正的原因，還是出在妳的想法啊！」

「妳想想看，」我繼續說，「那些不愉快的種種，不都是已經『過去』的事嗎？那你『現在』為什麼還不快樂呢？真正的原因是你自己『不斷地去想』它們，不是嗎？」

沒錯，你才是自己想法最大的受害者。是奧理略大帝說的吧！假如你因某些事物而痛苦，其實並不是那些事物在煩擾你，而是你對它的想法在令你苦痛，唯有你自己才能棄絕它們。

英國小說家赫胥黎也說過：「經驗不是指發生在你身上的事情，而是指你如何去看待發生在你身上的事情。」已發生的事情本身對你的傷害，不及你對已發生事情的想法帶給你的傷害大。

他說得對，發生的事只不過是發生的事，你對它感覺如何則又是另一回事。

如果你的想法是正面的，你的感覺必定也是如此；如果你總是往壞的想，那你的心情自然也不可能會是好的。

快樂與不快樂最大的差別

情緒的英文叫做Emotion，意思即是energy in motion，也就是「運動中的能量」。那是什麼能量在運動呢？是「思想」，是我們腦中來來去去的念頭和想法。

我們常覺得心情捉摸不定，那是因為我們的想法無時無刻都在變化，隨著思想的活動情緒也跟著波動。

然而，由於我們無時無刻不在思想，也經常都是「這樣想」，就因為太習慣了，所以很少注意到，原來那些不快的心情和感覺，都是來自我們自己的想法。

就以前面那位同事來說，她可以繼續想下去：「為什麼我那麼倒楣？為什麼我會嫁給這種人？」

然後，她愈想心情只會愈想愈糟；反過來，她也可以聳聳肩安慰自己：「也許是前輩子欠他的吧！」或是反過來多想想先生其他的優點，你想結果還會一樣嗎？

這就是快樂與不快樂的人最大的差別。一個快樂的人，他們的遭遇並非總是好的，而是他們總是往好的想……

我想起一則故事，有對姐妹正在埋怨要洗那麼一大堆碗盤，恰巧祖母也進了廚房，拿起一塊抹布一起幫忙。

「我最喜歡洗一大堆的碗盤。」老祖母說：「一大堆碗盤表示有豐盛的菜，豐盛的菜表示有一大堆人來，人多便顯得熱鬧和開心。」

經她這麼一說，姐妹倆心情頓時開朗起來，而且還愈洗愈起勁。

你看，只要念頭一轉，感覺是不是天壤之別呢？

耶穌說：「天國就在你心中，而那也卻是地獄的所在。」我們所有的喜怒哀樂，都是我們思想的結果。因此如果你不喜歡現在的感覺或心情，那就改變你的想法吧！

當你覺得人生很糟，就多看幾次吧！

愉快的心情，是來自愉快的感覺；愉快的感覺，是來自愉快的想法。

幾天前，好友家興寄來一篇主旨為「當你覺得人生很糟，就多看幾次吧！」的電子郵件，我覺得蠻有意思的，節錄部分跟大家分享：

有每夜和我搶棉被的伴侶，那表示他（她）不是和別人在一起。

只會看電視不洗碗的孩子，那表示他（她）乖乖在家而不流連在外。

有繳稅的帳單，那表示我有工作。

衣服愈來愈緊，那表示我吃得很好。

有一堆衣服要洗燙，那表示我有好多衣服。

有過量的電子郵件，那表示有許多朋友想到我。

你可以依此類推，多想想事情好的一面。比方，你可以感謝那個傷你最深的人，因為他讓你成長最多；感謝打擊你的人，是他提醒了你的缺點；感謝失敗的事，是那些事讓你學到謙卑、讓你不斷成長；感謝冬天，因為你知道春天已經接近了。

對待事物就好像對待自己的照片一樣，要把它們放在最好的角度來看。因此，當你遇到任何問題時，別忘了問自己：「在這種情況下我能想到最快樂的想法是什麼？」

只要你時時這麼想，那麼生活處處都會有花香。

何權峰的幸福語錄

- 如果沒有憤怒的想法，便不可能覺得生氣；若沒有消沉的想法，便不可能覺得沮喪；沒有擔心的想法，便不可能感到憂愁。每一個情緒都是從想法開始的，
- 假如你因某些事物而痛苦，其實並不是那些事物在煩擾你，而是你對它的想法在令你苦痛，唯有你自己才能棄絕它們。
- 那些不愉快的種種，不都是已經「過去」的事嗎？那你「現在」為什麼還不快樂呢？真正的原因是你自己「不斷地去想」它們，不是嗎？
- 這就是快樂與不快樂的人最大的差別。一個快樂的人，他們的遭遇並非總是好的，而是他們總是往好的想。
- 對待事物就好像對待自己的照片一樣，要把它們放在最好的角度來看。

環境與心境

境由心生，境隨心轉。天堂和地獄並不是兩個不同的環境，而是兩種不同的心境。

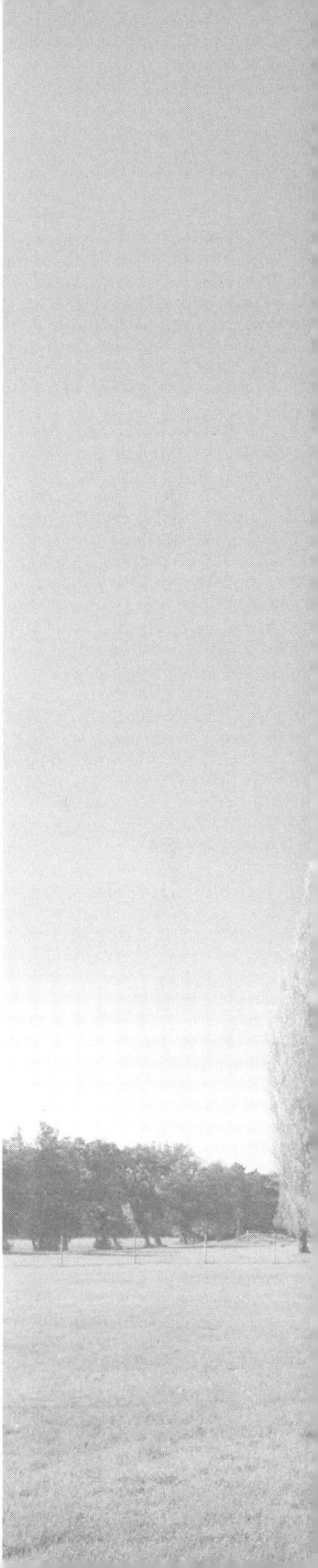

我們生存的世界並不只有一個，這世界有多少人，就會有多少世界存在；我活在我的世界裡，你活在你的世界裡，每個人都在他自己的周遭創造出一個世界。

就在你的周圍，或許有人生活在天堂裡，而你可能生活在地獄裡，你認為你們是生活在同一個世界嗎？不，你們怎麼可能生活在同一個世界？

當心境不同，你在你的周遭將會創造出不同的世界。

重要的不是環境，而是心境

一個同樣的早晨，也許就在同一個窗口，一個正面的人醒來，望向窗外說：「陽光好溫暖，好舒服！」另一個負面的人醒來，望向窗外說：「陽光好刺眼，真不舒服！」

在同一個牧場，也許就在同一個位置，那個樂觀的人，會望向柵欄內說：「哇！好棒，你看有好多的牛。」那個悲觀的人會望向柵欄內說：「哇！好髒，你看有好多的牛糞。」這是何等的不同。

所謂：境由心生，境隨心轉。天堂和地獄並不是兩個不同的環境，而是兩種不同的心境。

曾經擁有至高權力與財富的拿破崙曾感慨地說：「我一輩子的幸福日子，不超過六天。」

但是，雙眼失明且耳聾的海倫凱勒卻說：「哇，我覺得人生真是美極了，我每天都好幸福。」

選擇幸福的人，即使他一無所有，他也能享受那沒有的幸福。他沒錢，沒有家，所以他從不害怕有人會偷他、搶他，他不用擔心房子下雨會不會淹水，會不會有土石流。他一無所有，所以也就一無所失。他總是看那正面的，即使在暗夜裡也能欣賞到星光。

選擇不幸的人，即使他是個富翁，也會因錢財帶來的煩惱而受苦。他會擔心恐懼，他會睡不著，他會想東想西把自己搞得心神不寧。這種人即使有一天變窮了，那麼他也會因為貧窮而受苦，他總是注意那壞的，即使在豔陽下也能創造出陰雨。

所以，重要的不是環境，而是心境，是你的心境決定了你的世界。

這世界還是同一個世界

你是否曾經觀察過？環境會隨著你的心境而改變。你可以回想一下，當你心情好的時候，是不是任何事都覺得賞心悅目？即使那時發生一些狀況，你可能也不會在意。然而，如果同樣狀況發生在你心情不好的時候，那結果就完全不是那麼回事了。

同樣的夜景，你今天覺得很美，明天也可能很美，但後天很可能就變了，因為你變得不同，如果你變得悲傷，那你看到的夜景也將是悲傷的，那完全視你而定。就在同一刻、同一個夜景，也有人被夜景的美所感動，那是他們擁有不同的心境。

所以真正的問題不在環境，而是在你的心境。就像同一首歌、同一張唱片，當你以不同的心情去聽時，感受就完全不同，對嗎？你會將你的心情投射上去。

當你跟某個人在咖啡店裡，你覺得好幸福，你是否曾經思考過，那個幸福是來自哪裡？是來自咖啡，或者是來自那家店，還是來自你的心裡？因為以前你也去過這家店，你也經常喝咖啡，但什麼也沒發生，你並沒有什麼特別的感覺，但今天，你心情很不一樣，你覺得很喜悅，你的心洋溢著幸福，所以就覺得幸福了，對嗎？

你是否還記得你初戀的感覺？在那個時候，你是不是放眼看去一切都是美的，玫瑰花好美、夕陽好美，優美的音樂、燦爛的星空，眼前的佳人，怎麼看都美……這美讓你覺得自己是活在天堂，你覺得自己是世上最幸福的人。

然而，你真的是在不同的世界嗎？不，這世界還是同一個世界，外境一點都沒變，變的是你的心境。

換再多的鏡子也無法改變你的長相

是的，心境決定環境。如果你怨恨，你就創造出一個充滿忿怒、衝突和黑暗的世界；反之，如果你充滿著愛，你就創造出一個美好、喜悅和發光的世界，那是一個完全不同的世界。

天堂並不是某個地理上的位置，而是某種心理上的狀態；地獄也不是死後才去的地方，地獄就在此時此地。地獄是一種負面的心境，只要你處在那個當中，你就會在身邊創造出地獄。

那也就是為什麼在同一個地球，有人住在天堂，有人卻活在地獄。套句英國詩人密爾頓在《失樂園》的名言：「心是居其位，只在一念間；天堂變地獄，地獄變天堂。」

人們一直向外尋找，那是搞錯了方向，天堂和地獄都存在你的內心，它們不斷地從你的身上擴散開來，而後成為你的人際關係、你的生命經驗，成為你的世界。

如果你是不快樂的，你認為換個地方、換個房子，你就會活得很快樂嗎？那你就錯了！是誰去住在那裡？

你繼續試著去改變外在的世界，但不論你做什麼，世界都沒有改變，因為你沒有改變。你能夠換更大的房子、更大的車子、更大的公司，但是那個情況將會一樣，因為你是一樣，不快樂就是不快樂，到那裡還不都一樣，你如何能逃得開自己？不管你到了哪裡，你都會和你自己在一起，不管去到哪個環境，如果你不改變心境，那麼你到哪裡都一樣。

換再多的鏡子也無法改變你的長相。

世界就在你的心中

希臘大哲伊皮克提圖斯（**Epictetus**）說得好：「環境不能塑造一個人，它只是讓他反觀自己而已。」

所以，不要抱怨環境，不論什麼環境都有人過得好，也有人過得壞；也不要對別人生氣，不論你碰到的是怎麼樣的人，別人不是別人，他們只是你自己的延伸。

一團糟的生活是由一團糟的人所創造出來的，周遭的環境和人永遠都支持你，如果你的人很差勁，周遭的環境和周遭的人就會很差勁；如果你的人很好，周遭的環境和周遭的人就會很好；周遭的一切並非決定你喜惡的因素，決定的關鍵是在你的心境，因為每個人都被同樣的環境所圍繞，不是嗎？

有位弟子對師父說：「這世界真是一團糟！」

師父回答：「不，這世界真是美好！」

「難道我們不是生存在相同的世界裡嗎？」弟子不解。

「沒錯，只不過你看到自己活在世界上，而我卻看到世界活在我心中。」師父笑著說。

世界就在你的心中，說得好！

問題不在環境，而是在環境中的人。並不是你的環境創造了你，而是你創造了你的環境。

並不在環境的不同，而在心境的轉換

我非常喜歡這則故事：有一個哲學家在桌上睡著，然後他做了一個夢。在夢中，他看到自己搭上一輛火車，便問說：「這輛火車要開往哪裡？」鄰座的人說：「要開往天堂。」

他說：「太好了，我一直很崇拜蘇格拉底，我想到了天堂，可能就有機會見到他了。」

當他進入天堂，那裡跟他的想像完全不同，不但沒有歡樂氣息，到處都破舊不堪，看起來死氣沉沉的，他簡直無法相信這就是天堂。

他急著想離開那裡，於是他問：「這輛火車待會會開到哪裡？」

「開往地獄。」他想都沒想，就跳上去坐。到了地獄，他再度無法相信眼前所看到的一切，因為那裡真的很美。有很美的花草、河流、樹木、小鳥在唱歌，每個人都很快樂，他說：「事情好像不對了！這裡似乎就像天堂。」

他走到了市區，問人們說：「蘇格拉底在這裡嗎？」

他們說：「有，他在郊外散步。」

於是他到蘇格拉底那裡，問說：「你就住在這裡嗎？為什麼你那麼好、那麼善良的人會被丟進地獄？」

蘇格拉底說：「我根本就不知道有什麼地獄，在我們來到這裡，已經將它轉變成天堂。」

他說得對，天堂和地獄並不在環境的不同，而在心境的轉換。只要帶著正面的心態，不管你人身在何處，你的世界必定是天堂。

何權峰的幸福語錄

- 這世界有多少人，就有多少世界存在；我活在我的世界裡，你活在你的世界裡，每個人都在他自己的周遭創造出一個世界。
- 天堂並不是某個地理上的位置，而是某種心理上的狀態；地獄也不是死後才去的地方，地獄就在此時此地。地獄是一種負面的心境，只要你處在那個當中，你就會在身邊創造出地獄。
- 人們一直向外尋找，那是搞錯了方向，天堂和地獄都存在你的內心，它們不斷地從你的身上擴散開來，而後成為你的人際關係、你的生命經驗，成為你的世界。
- 換再多的鏡子也無法改變你的長相。
- 問題不在環境，而是在環境中的人。並不是你的環境創造了你，而是你創造了你的環境。

快樂與喜樂

人們都把享樂和快樂搞混了，錯把享樂當快樂，
而在追求快樂的過程，反而錯失了真正的喜樂。

快樂與喜樂有什麼不同?快樂是一種期待，期待不久之後便能擁有美好的一切；喜樂是一種領悟，了解現在的一切都很好。

快樂是有條件的，它來自外在；而喜樂呢?喜樂是發自內心，它不需要任何條件。

說的明白一點，你的快樂是被引起的，當引起的條件不存在，你就變得不快樂。比方，當你的朋友來訪時，當你看到心愛的人，你感到快樂；然後，當朋友離開，當你失去所愛的人，你就變得不快樂。

當有人稱讚你，你就覺得很快樂，然而才沒多久，你因為一件不順心的事，你又不快樂了，你的情緒總是起起伏伏，因為快樂與不快樂是起因於外在條件。

而喜樂就不同，喜樂不需任何條件，也不依賴任何人，喜樂是一個人的本質，當你內在充滿喜樂，那無論你身在何處，無論發生什麼事，喜樂都與你同在。

快樂是短暫的，喜樂是永恆的。即使沒有任何快樂的事，你還是可以快樂，這就是喜樂。

快樂不是在外面，而是在你的內心裡面

人們認知的快樂，大多只是享樂，諸如聚餐喝酒、享受美食、開名車、住豪宅、大採購、吃搖頭丸等等。享樂大多是感官的刺激，在這些欲望得到滿足之後，沮喪和空虛的感覺立刻會像排山倒海而來。

這即是為什麼許多有錢人反而比窮人不快樂，因為窮人還有希望，他們可以期待有錢以後的種種快樂；然而，當人有錢，擁有想要的一切時，他們的希望反而破滅了。他們突然覺知到自己雖然有錢，但那個不滿仍舊存在；雖然擁有一切，但內在的痛苦並沒有解除，在這些財富、舒適、奢華的對比下，那個遺憾反而更強烈。

許多好萊塢的明星就是個例子。他們雖然日進斗金，住豪宅、開名車，過著安逸奢華的生活，「看起來」似乎非常快樂。但是，這些明星陸續在日後的回憶錄中，坦白招認他們享樂背後的不快樂：空虛、寂寞、無助、沮喪、痛苦……那是外人很難想像的。

是的，即使頭戴皇冠，也無法改善你的頭痛。如果你是不快樂的，就算讓你住在豪宅你也不會快樂的，因為要去住在那裡的人是誰？那個人同樣是你，對嗎？如果你開國產車不快樂，就算換成進口車也不會快樂。

快樂並不是在你的外面，它是在你的內心裡面。如果你能在小公寓很快樂的生活，你就能在大別墅裡生活的很快樂，因為房子並不是在你的外面，它是在你的內心裡面。如果你在小公寓過得很痛苦，那你在大別墅裡將會過得更痛苦，因為它是比以前更大的負擔——你將打掃更大的房子，你將花費更多的開銷，你要擔心、要面對的問題只會更多，那個痛苦只會更大。

外在的享樂就像包裝紙，那只是個包裝而已，如果裡面裝的是黃連，那即使再精美的包裝吃起來還是苦的。

快樂需要理由嗎？

林肯說：「樂由心生。」

真正的喜樂是內在的，如果你內心充滿喜樂，你所見到的也將是洋溢著喜樂的世界；如果你擁有一顆快樂的心，你將會在每一個地方都感受到那個跳動——在迎面吹來的微風裡，在斜陽西照的晚霞裡，你都能感受到快樂。沒有原因地，喜悅洋溢在你的四周，只因為你心中充滿了喜樂，所以就這麼散發開來。

其實，我們早就擁有幸福的一切元素，缺少的只是予以欣賞品味的意識。牆角的野花在跳舞，樹木隨著微風在搖擺，鳥兒雀躍地唱著歌……如此的歡喜，如此的快樂，但你卻依舊愁眉不展，好像你是註定必須痛苦似的。

為什麼你要給自己創造那麼多的欲求呢？

回顧以前，那時候的人生活貧窮，但過得卻比較快樂。是的，如果你懂得去欣賞平凡的小事，去感激擁有的一切，那你真的不需要什麼，就可以過得很幸福。一個喜樂的人不會去貪求那個更多，因為光是喜樂的心就夠滿足了。

你見過小孩毫無理由地歡笑、雀躍、跳舞嗎？他們是那麼的喜樂，因為他們一無所求。如果你問他：「你為什麼這麼快樂？」他會懷疑你是不是有問題：快樂需要理由嗎？

不，快樂不需要任何理由或原因，它並不依賴任何東西，也不需要更多的錢或更大的房子。這個世界有太多住在大房子、財產成千上億，或擁有高學歷、高地位卻成天悶悶不樂的人，不是嗎？

到處尋找幸福的人，是把幸福遺忘的人

人們一直向外尋找，那是搞錯了方向，喜樂是在你自己身上，它不需要

得到什麼，喜樂只需要被看到。說一則故事給你聽：

從前有個人因為天冷想取暖。於是，他就到鄰近的朋友家裡要點木炭做為火種。這時已近半夜，朋友睡著了。他敲了很久，終於有來開門。一見到是他，朋友驚訝地問：「啊！三更半夜的，有什麼急事嗎？」

「沒有啦！」他不好意思地說：「我來這裡是想把木炭點燃，因為我家木炭都已經熄掉了。」

「哈！哈！」朋友聽了大笑，「你真是糊塗！你費這麼大的功夫來到這裡，敲了半天門，就是為了這件事。你瞧瞧，你的手裡不就提著點燃的燈籠嗎？」

這個人看了看手中的燈籠，不覺啞然失笑。

只知看向遠方，卻忘了眼前，這就是多數人的通病。比利時劇作家莫瑞亞珂‧梅特林克，在他獲得諾貝爾文學獎的名劇「青鳥」中，描述吉吉兒和米吉兒兄妹倆如何地四處尋找理想中的青鳥，而找遍所有的森林後，才發現他們所飼養的那隻藍背的小鳥——就是青鳥。

美國著名的幽默作家喬希‧比林斯（Josh Billings）比喻得妙：「假如你曾經追尋到幸福，你可以了解，那就像老婦人急著尋找她遺失的眼鏡，卻發現它好端端架在自己的鼻樑上。」

那些到處尋找幸福的人，是把幸福遺忘的人。

錯把享樂當快樂

享樂是「忘記」，喜樂是「記得」。一個「忘記」自己是幸福的人，就會去尋找幸福，去追求享樂；而當你「記得」你是幸福的，你就是喜樂。一個喜樂的人，不需要享樂仍是快樂的；反之，一個追求享樂的人，即使得到短暫的快樂，最終還是不快樂。

人們都把享樂和快樂搞混了，錯把享樂當快樂，而在追求快樂的過程，反而錯失了真正的喜樂。

鳥兒唱歌並不是為了任何理由，牠唱歌是因為牠內心有歌。其實你內心也充滿著歡樂的歌，等著你把它唱出來。

因為，你自己就是喜樂的源頭。

何權峰的幸福語錄

- 快樂是短暫的，喜樂是永恆的。即使沒有任何快樂的事，你還是可以快樂，這就是喜樂。
- 外在的享樂就像包裝紙，那只是個包裝而已，如果裡面裝的是黃連，那即使再精美的包裝吃起來還是苦的。
- 那些到處尋找幸福的人，是把幸福遺忘的人。
- 享樂是「忘記」，喜樂是「記得」。一個「忘記」自己是幸福的人，就會去尋找幸福，去追求享樂；而當你「記得」你是幸福的，你就是喜樂。一個喜樂的人，不需要享樂仍是快樂的；反之，一個追求享樂的人，即使得到短暫的快樂，最終還是不快樂。
- 鳥兒唱歌並不是為了任何理由，牠唱歌是因為牠內心有歌。其實你內心也充滿歡樂的歌，等著你把它唱出來。

幸福與不幸

身在彩虹裡面的人，就看不到彩虹。因為你已身在幸福中，所以你感覺不到。

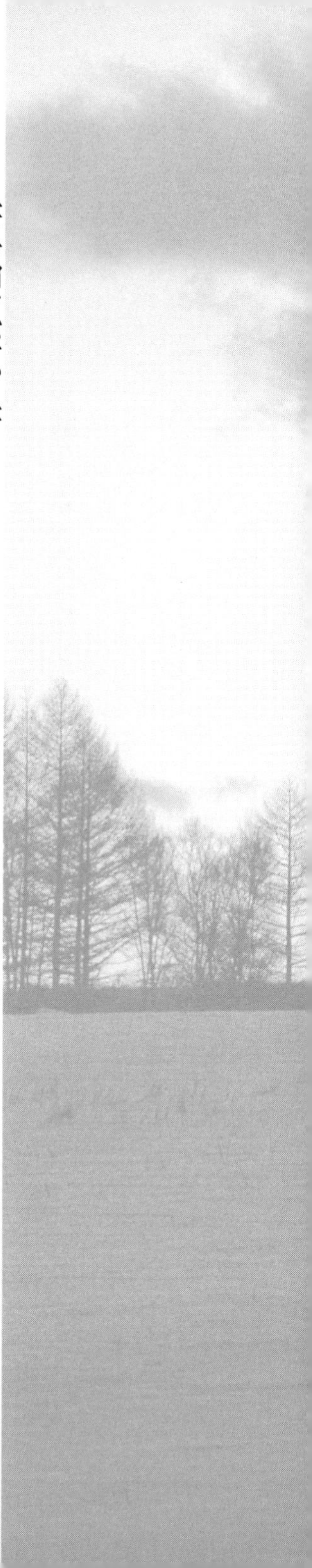

要怎麼做才能得到幸福？你問。

你原本已經是幸福的，你要做的就是認知這一點。

但，為什麼我都感覺不到？

的確，身在彩虹裡面的人，就看不到彩虹。因為你已身在其中，所以你感覺不到。

香花聞久了，你就聞不出香味

你知道你頭上有多少根頭髮嗎？不知道，對嗎？但是現在如果有人拔了你一根頭髮，你就會知道，你就會清楚的感覺到，對不對？

當你鼻塞，你會感覺到，但是當你鼻子通了你就忘記鼻子的存在；當鞋子太小，你會感覺到，但是當鞋子剛好你就會忘了腳的存在；當你家裡停水停電，你會覺得真糟，但是當它們一切運作正常，你從來不覺得它們的好。

你可以感覺你的痛苦，感覺你悲慘，感覺到你的不幸，但是對於你身邊美好幸福的事，似乎都感覺不到。

為什麼感覺不到？因為你已身在其中，所以你感覺不到。這就好比你在房中懸掛一幅畫，每天進出都會看見它，習以為常之後，你就會視若無睹；好比你住在河邊，只需要幾天的時間，你就會聽不到水聲；好比香花聞久了，你就聞不出香味。

不是有一則故事嗎？

有一隻小魚聽說魚的幸福就在大海，於是牠問老魚：「你知道大海在那裡嗎？」

老魚說：「你所在的地方就是大海，你就在大海啊！」

小魚疑惑：「但，我怎麼都看不到呢？」

魚從未察覺海洋存在，除非牠離開了海洋，魚才會發現原來自己一直都在大海中。人不也一樣，往往要到失去了，才會發覺原來我們早擁有幸福。

藉由失去，它們才能被感覺到

蘇東坡有一首詩：「橫看成嶺側成峰，遠近高低個不同；不識廬山真面目，祇緣身在此山中。」由於我們「身在此山中」，所以無法看到山的全部面貌。

每天平平安全，過著平凡無奇的日子，你不會覺得自己是幸福，等有一天你不幸遇到一些災難，然後呢，你就會突然發現過去的幸福。

是的，要知道某樣東西的存在，你必須先失去它。藉由失去，它們才能被感覺到；藉由失去，你才能發覺到自己擁有什麼。就像在海裡的魚會忘記海洋，牠並不知道自己身在大海，但當你把牠扔到海岸上，沙灘上，在炙熱的沙土上時，牠馬上就會知道，馬上就會發現。

阿拉伯的勞倫斯在他的回憶錄裡有那麼一段話：

當我有一次在沙漠中迷路，這是我人生第一次嚐到口渴的滋味，因為在這之前我從沒有這樣的體會。

以前，只要我覺得口渴，我就去喝水。然而在沙漠中迷了路，身邊沒有帶水，又找不到綠洲，那個時候我才深刻的感受到口渴的滋味——整個身體、每一個細胞，都在渴求水，這是外人很難體會到的。

里根貝克是一名著名的飛行員，在第一次世界大戰時，不幸在太平洋中墜海，在救生筏上漂流了二十一天，後來獲救，有人問他從中學到什麼？他說：「從這次經驗裡，學到最大的功課就是，假如你有足夠的水喝，有足夠的食物吃，你就不應該抱怨。」

只要還能呼吸都是很幸福的事

你有足夠的水喝嗎？有沒有足夠的食物吃？如果有的話，那你就不應該抱怨。

你知道嗎？就在你因吃太多而擔心血脂太高，抱怨身材發胖的同時，在地球上，有多少人是過著有一餐沒一餐的日子，每天都有成千上萬的人死於饑餓。

一行禪師曾有感而發的說，在梅村那邊，餐前會由一個小孩讀偈。他手捧著一碗米飯，然後這麼說：「今天桌上擺了媽媽做的豐富佳餚。在座還有我的爸爸、我的兄弟姐妹，真好！大家歡聚一堂一起享用，而此刻還有許多人正在挨餓，我萬分感激。」作為一個難民，他知道每天有四萬個與他同齡的小孩死於饑餓，能有飯吃那是非常幸福的事，所以他們非常感恩。

他們知道，父母兄弟姐妹能生活在一起，不因天災、意外而分離，是一種恩賜；他們知道，朋友能相知相惜是一種機緣；他們知道，在茫茫人海中，能攜手共度一生的伴侶，是一種珍貴的福份。

即使是有飯吃，甚至只要還能呼吸都是很幸福的了，那就表示你是活的，活著就還有希望，因為並非每個人都那麼幸運。昨天，全世界約有二十萬人離開了人間，更有上百萬人，在死亡邊緣徘徊。他們氣數已盡，也許呼吸不到下一口氣，而你卻能自由的呼吸，這難道不幸福嗎？

你原本已經是幸福的

喜劇作家裴瑞特曾說過一個故事，讓我印象深刻。

他說，我有一位好萊塢作家朋友，曾寫過一些劇本，但都不是非常搶手。直到有一天，他因為某部賣座的電影而成為炙手可熱的大製片人。有天他到片場上班，發現停車位被人占走，當時還有二十幾個停車位是空的，可是他偏要停在他專屬的停車位上。

一開始這位仁兄很火大，接著他突然若有所悟，然後對自己說：「我突然想到，三個月前我連車子還沒有呢！」

這就是多數人的情況，抱怨東抱怨西，冬天怪沒有太陽，夏天又怪太陽太大；在家嫌無聊，出去又怪人太多；滿桌子菜說沒有一樣對味的，出門找不到合適的衣服又在抱怨。即使是塞個車，找不到車位，都可以火冒三丈。你有沒有想過，你可是舒舒服服地坐在車子裡呢！

記得穆克塔南達大師（Muktananda）初訪美國的時候，他下飛機後，在廣大的機場停留了一會兒，他環顧四周——和印度真的完全不同，他有如置身別的星球。

他看見各式各樣食物、飲料、雜誌、報紙；潔淨的走道、光亮的照明，不但有空調設備，還鋪地毯……饒是如此，他發覺來往的旅客匆忙地趕飛機，彷彿不稀罕這一切。

「他們生活在天堂裡，」他心想，「不曉得他們知不知道。」

我們總是不斷地累積，無止境的在追求——等待所有的理想都實現，等待一切問題都解決，等待那顆欲求的心被填滿，卻忘了手中已有的幸福。一味地追求快樂，卻忘了快樂就在我們身旁。

人在福中不知福

古儒吉大師說得對：「你唯一必須記得的是，你是多麼的幸運，當你忘記此點時，你就變得不幸。」

去看看人們，看看大家如何把擁有視為理所當然，你擁有水、食物、衣服、棲身之所，你擁有柔軟的沙發、溫暖的床，你還擁有完好的眼睛和耳朵，可以欣賞品味，你已經夠幸福了，但你有去感恩嗎？

你的父母為你做牛做馬、勞心勞力，你有去感謝他們嗎？你的先生每天為生活打拼，妳有去肯定他嗎？

你的太太每天幫你洗衣、打掃、煮飯，還要照顧難纏的小孩，你有感激過她嗎？

還是覺得這沒什麼？

如果你們把一切看得那麼理所當然，又怎麼可能珍惜和感激呢？

你知道上天為什麼要讓我們失去，要讓我們經歷生死別離？目的就是為了讓我們知道我們擁有什麼，讓我們知道我們是多麼幸福。你已經擁有那麼多，但是你並不覺得，如果你總是視若無睹，那失去將是早晚的事。

大多數美好的事物，都是驀然回首時才驚然發現，這就叫做人在福中不知福。

何權峰的幸福語錄

- 魚從未察覺海洋存在，除非牠離開了海洋，魚才會發現原來自己一直都在大海中。人不也一樣，往往要到失去了，才會發覺原來我們早擁有幸福。
- 要知道某樣東西的存在，你必須先失去它。藉由失去，它們才能被感覺到；藉由失去，你才能發覺到自己擁有什麼。
- 我們總是不斷地累積，無止境的在追求——等待所有的理想都實現，等待一切問題都解決，等待那顆欲求的心被填滿，卻忘了手中已有的幸福。一味地追求快樂，卻忘了快樂就在我們身旁。
- 表面上，人們是在追求幸福，但其實是在找不幸。追求幸福最大的障礙，即是期望過大的幸福。
- 大多數美好的事物，都是驀然回首時才驚然發現，這就叫人在福中不知福。

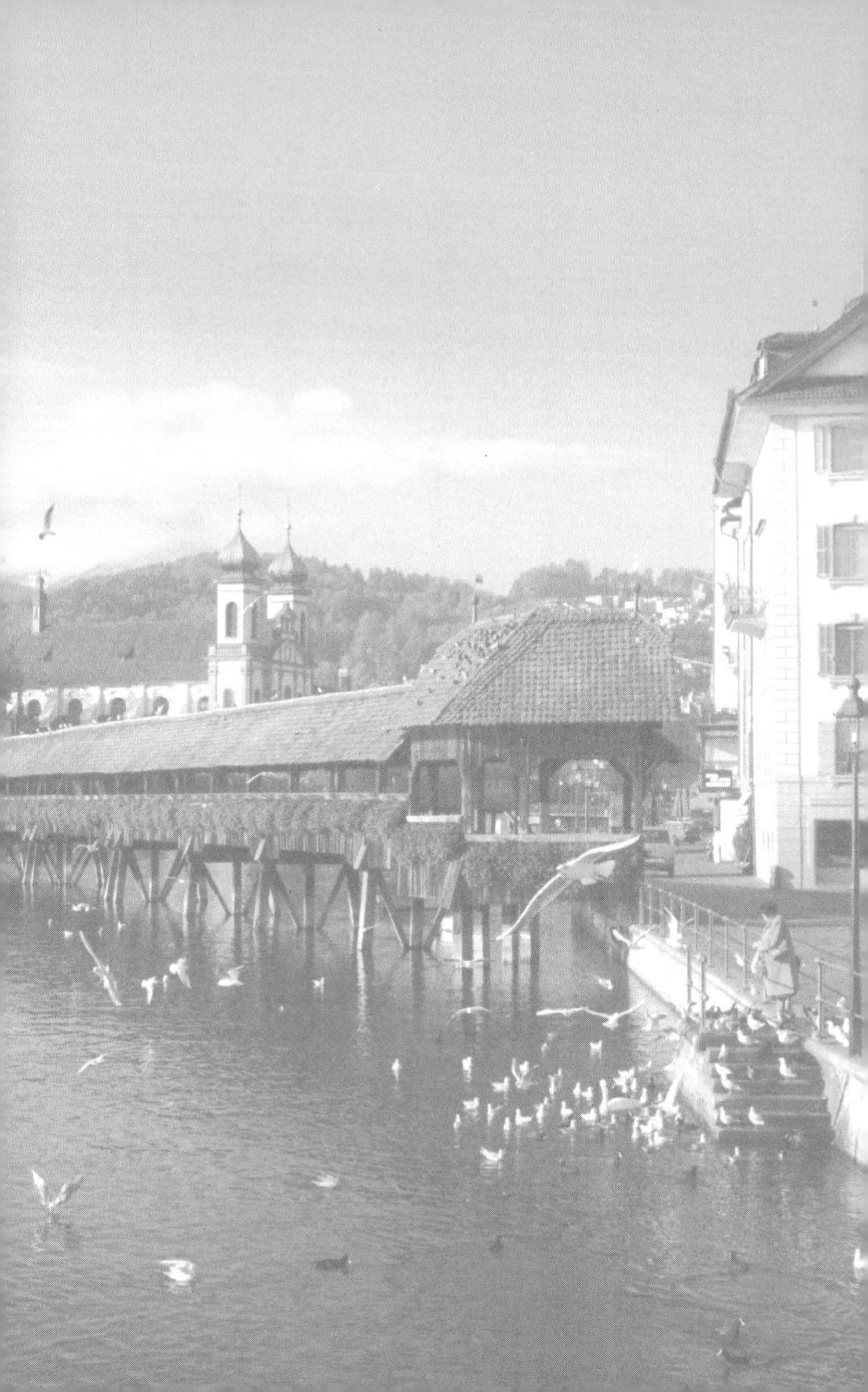

追悔與無悔

許多人經常到了「太遲」，才發現自己還有很多事沒有做，有許多話來不及說，這實在是人生最大的遺憾。

大多數人死的時候都不是走得心甘情願，他們並不想死，因為他們並沒有真正活過，怎麼生命就這麼結束，當然不甘心。

很多人在臨死前，常對自己的一生感到莫大的追悔，覺得自己白活了，如果能重新開始，他一定要過「完全不一樣」的生活。然而現在一切都晚了，死神正在敲門，時間所剩無幾，他才赫然發覺自己還沒有活過。

所以，當人們說害怕死亡，其實真正害怕的是，自己還未真正活過。

我明白了，我一直忘了真正去活

每當有人過世，你會感到難過。但你想過嗎？你是為那個死去的人難過，還是為你自己難過？事實上，你很可能在為自己難過，因為每一個死亡都會讓你意識到你也會死，死亡對你是恐懼的，因為你從未好好活過，你總是虛度它。

每個周末，我們奇怪一星期怎麼就過了；每個新年，我們感嘆怎麼一年又不見；去爬個山，才發現體力大不如前；看到白髮，這才驚覺自己老了，已經四十歲、五十歲或快老掉牙了，卻怎麼也想不起來，日子是怎麼消逝的！

更糟的是，你還有許多事還沒去做，還有許多夢還沒去完成，你甚至還沒有真正活過，就要死了，這難道不可怕嗎？

最近在一本書中看到這段話，我覺得像極了多數人的生命寫照，摘錄於下：

起初，我想進入大學想得要死；

隨後，我巴不得趕快大學畢業好開始工作；

接著，我想結婚、想有孩子又想得要命；

再來，我又巴望小孩快點長大去上學，好讓我回去上班；

之後，我每天想退休想得要死；

現在，我真正快死了……，

忽然間，我明白了，我一直忘了真正去活。

所有人的生命是那麼的相似——從小便期待快點長大，長大後期待愛情、婚姻、孩子，有了孩子又渴望他們快點長大。然後，上一代的故事又在下一代身上重演。

人生難道就只是一連串的等待與期待，或是無奈嗎？總還有一點別的吧！

現在，一切都太遲了

親愛的朋友，不論你今年幾歲，我希望你也能像我一樣經常回顧自己的生命。

這輩子你做了什麼？你想做的事你都做了嗎？你有沒有好好笑過，有沒有真正快樂過？生命行至今日，有沒有欠缺什麼而感到遺憾？

你可以這樣問問自己：當生命終了時，你會不會希望自己曾經是以另一種方式過活？

在醫學院課堂上，我曾做過這樣的實驗，我要求學生假設自己只剩下一個月的生命，想想自己有什麼想做的事，然後再逐一記下。

結果發現，在面對「即將死亡」，大家似乎都有許多感慨。有人寫說：

我想出國旅遊，我想去賞雪、我想去看大溪地的日落……；有更多的人則寫說：我要告訴我的家人朋友我愛他們，我要跟感情不睦的手足和好，我要每天都陪在父母身旁……幾乎所有人都感慨自己心裡有許多想做卻未能去做。

看了他們的答案，我不禁想問：「既然如此，你們為什麼不現在就做呢？為什麼要等到剩下一個月才做？」

有位學生說了一段他自己的故事。那是發生在去年冬天的事，父親趕著要出國，而他也趕著去赴朋友約會，他匆忙的地跟父親說一聲再見。他不知道這竟是他們最後一次道別，因為從此他們就沒「再見」了。父親的死，讓他非常追悔，他感慨地說：「現在，一切都太遲了。」

這樣的故事其實不斷上演。許多人經常到了「太遲」，才發現自己還有很多事沒有做，有許多話來不及說，這實在是人生最大的遺憾。

「明天以後」，誰能料到到？

翻開報紙或打開電視，你會發現到處都有意外，每天都有死亡的消息——在南亞的海嘯裡，在九一一事件裡，在九二一地震裡，在馬路上的意外事件，在醫院的急診室裡……請問這些人，在早上出門前可曾想過自己就這麼走了？

生命是無常的。一位企業家談及他的生死觀。他說，他曾生過大病，住過加護病房，在生死一線間被拉回人間。從此思索著：「我還有什麼事還沒做，要及時做。」

一位病人被診斷出癌症時，已經是末期了，她剩下的日子不多。她說：

「當我接受死亡的事實後，生命似乎才真正開始。以前日子都不知道是怎麼溜走的，現在我不會再輕易錯過。」

我還認識一個堅強的老師，當她知道自己罹患乳癌後，她說，她反而得到解脫。她終於可以毫無罪惡感地卸下學校和家裡的重擔。畢竟，一個正與乳癌奮戰的女人，除了照顧好自己外，沒有人會要求她做些什麼。

彷彿只有當我們體認到，我們在世上的時間是有限的，才懂得好好過每一天，好像過去的日子不存在似的。

其實，死亡並不是在最後才發生，它已經在發生，只是不知道什麼時候，用什麼方式，找上我們。所以，我總是一再提醒，如果你想說什麼，想做什麼，現在就去做，不要等到明天，不要等以後，因為「明天以後」如何，誰能料到到？

那樣的生命是不是太無趣了？

有人說，葬禮是為活人而舉行的。它能提醒我們生命有限，要好好地活。是該有人常常告訴我們，來日無多，想做什麼，現在就去做吧！否則你可能會抱撼終生。

在《早安越南》（Good Morning, Vietnam）這部影片中，愛德華・高立克（羅賓・威廉斯飾演）曾說過一段發人深省的話，他說：

「我差點就沒命了！我從腳踏車上摔下來，只差幾英吋鼻子就被卡車給壓扁。當我躺在地上的時候，這一生的點點滴滴在我眼前一閃而過。而你知道最讓我害怕的是什麼嗎？我看到我的生命竟是如此的無趣！」

你曾想過你的生命嗎？這幾年你是怎麼活的？每天匆匆忙忙、日出夜歸，就是為了賺更多的錢，得到更高的權位，汲汲營營世俗眼中的成功，追求外在誘人的物質享受，然後呢？然後你還是空虛，還是不快樂，不開心，不是嗎？

你生下來不只是為了要工作賺錢、煮飯、洗衣、打掃、跟別人爭吵……或者是為了付卡費、電費、稅款、保險費、醫藥費、房屋貸款。你活著總有其他的意義吧！

如果你的生活只是一連串的煩忙、壓力，只剩下責任、義務，而沒有喜悅、歡樂，那樣的生命是不是太無趣了？

別到了為時已晚才走的不甘心，別到了太遲才後悔說，早知道就好。

幫自己一個忙好不好，別再這樣耗下去了。人生沒有彩排，無法試演。在美麗的花朵凋謝前，盡情地聞聞它的芳香吧。

何權峰的幸福語錄

- 人們說害怕死亡，其實真正害怕的是，自己還未真正活過。
- 親愛的朋友，不論你今年幾歲，我希望你也能像我一樣經常回顧自己的生命。
- 這輩子你做了什麼？你想做的事你都做了嗎？你有沒有好好笑過，有沒有真正快樂過？生命行至今日，有沒有欠缺什麼而感到遺憾？
- 死亡並不是在最後才發生，它已經在發生，只是不知道什麼時候，用什麼方式，找上我們。
- 有人說，葬禮是為活人而舉行的。它能提醒我們生命有限，要好好的活。是該有人常常告訴我們，來日無多，想做什麼，現在就去做吧！否則你可能會抱憾終生。

希代高寶集團

生活勵志－何權峰

編號	書　名	內　　容	定價
001	展現最好的你	「路，是無限的寬廣；人，則充滿了無限的可能。」所以，無論自己的未來藍圖為何，相信自己，只要堅定地朝目標持續邁進，夢想就在不遠處等著你。	220
002	回歸自然心靈	清心可以開朗、寡慾可以無憂、單純可以喜樂、知足自然富足。讓我們一起以人為本，以自然為師，淨化心靈、放下物慾、簡化生活、回歸真我、返歸自然，進而達到知性的真，理性的善，感性的美。	200
003	心念的種籽	在《心念的種籽》中，作者跳脫一般的說教，以說故事的方式帶領人心，更能讓讀者從本書中獲得智慧與啟示。	200
004	生活就像馬拉松	馬拉松賽者最怕遇見「撞牆期」，選擇面對的方式是：調整呼吸慢慢跑， 或乾脆停下來用走的，等突破了瓶頸後，再重新開跑。	200
005	笑哈哈過苦日子	日子就像芥菜入口的滋味，有淡淡的苦味，如果拌上好的調味料，就會是一道美味的菜餚。 這樣的日子雖然清淡，但如果不忘每天一笑，不僅可以延年益壽，還可以返老還童哩！ 來！笑一個吧！	199
006	就靠這一次，人生急轉彎	從生命降臨人間的那一刻起，我們就到達了人生的起點，順著自己的目標往前走，遇到岔路時請記得向右轉，就可以找到一帖讓人生豐富和滿足的處方箋。	179
007	每 10 秒鐘一個幸福	這是一本似非而是的書，其中充滿了許多大師的妙論，平易中顯哲理，談笑中見智慧。每一篇章正猶如禪宗裡的一首偈，讓人茅塞頓開，有著撥雲見日的領悟。	192
008	有這麼嚴重嗎？	這本書不是要大家膚淺地記一堆笑話，也不是不負責地要大家一味地往好處想，而是希望在笑談中讓你得到了悟，在了悟的過程得到歡樂，因此在文章裡面我會加入許多幽默笑話及妙語，讓你讀起來更有味道。	180
009	人生幸福，每一項都在拼圖	將近一百個生活哲學，簡單的小故事中，說出人生的大道理，讓你的生活注入活泉，永遠不會乾涸。	200
010	別扣錯第一顆釦子	不了解問題的根本，就解決不了問題；不看清事物的本質，就得不到真相；一個扣錯了第一顆釦子的人，就扣不完所有的釦子。	160
011	為什麼事情總是一團糟	套句何醫師的話：「用爛泥蓋房子，到頭來還是一堆爛泥。」是的，方法錯了，你愈努力結果就只會愈糟而已。	180

編號	書　名	內　　容	定價
012	忘了總比記得好	假如你把過去緊抓不放，你當然會一再去經歷它，你的未來不會是別的，一定是累積了許多灰塵的過去，它注定是這樣的，這些塵埃不但會遮蓋你生命的光彩，也將阻礙你看見未來。	180
013	幸與不幸都是福	說幸福是好的，是有福的，這點大家都可以理解，但是說不幸也是福，這就奇怪了，不幸怎麼會是福呢？沒錯，不幸也是福，而且它還是比幸福更大的祝福，只是不幸的人總是「身在福中不知福」。	185
014	別讓每陣風吹著走	做自己的主人，不要盲目的跟隨潮流，被牽著鼻子走。一個人有個人風格的人，才是真正具有品味的人。別讓每陣風吹著你走。	185
015	愛，錯在哪裡？	愛一再出錯，錯在哪裡？錯在人們一直沒有搞懂，愛是給，而不是得；愛不是出於需求，而是分享；不是出於匱乏，而是出於豐富。	199
016	所以你也要發正念	文字是紙上的語言，思想是無聲的語言，語言則是有聲的思想。這即是為什麼我一再強調大家要多說好話、要有好的念頭。特別是念頭要良善、要正面，我們將遇到什麼樣的人或是什麼樣的事都在一念之間。	200
017	當下，把心放下	把心放下吧！當你人在那裡就別再掛著這裡，否則你怎麼可能真正的放鬆心情呢？快樂是來自心裡，你到了哪裡就該把心全然的投入那裡，這樣才可能快樂，不是嗎？	240
018	心田甘露	本書更透過一則則的寓言故事，提供了如何在工作、家庭、人際關係、自我成長等方面，尋求安心所在的方法，讓人有跡可循地回歸最初的清靈本心。	240
019	都是你的錯	這是你的選擇，不要去怪別人，無論你出了什麼問題，你只能怪自己。是的，錯的永遠是你。	240
020	大而化之	44 個觀點，教你大事化小，小事化無。生活中，造成情緒失控的原因，大多不是什麼天大的事，而是微不足道的芝麻小事，然而就像小小的吸血蝙蝠能把偌大的野馬的生命置於死地一樣，問題在於你是否能大而化之。	240

GOBOOKS
& SITAK
GROUP©